PAUL DE CHAMBERET

LES

Poussières

DE

la Rampe

NOTES THÉATRALES

PREMIÈRE SÉRIE

PARIS

A. CHARLES, ÉDITEUR

8, Rue Monsieur-le-Prince, 8

1898

LES

POUSSIÈRES

DE LA RAMPE

MACON, PROTAT FRÈRES, IMPRIMEURS.

PAUL DE CHAMBERET

LES

Poussières

DE

 la Rampe

NOTES THÉATRALES

Première Série

PARIS

A. CHARLES, ÉDITEUR

8, Rue Monsieur-le-Prince, 8

1898

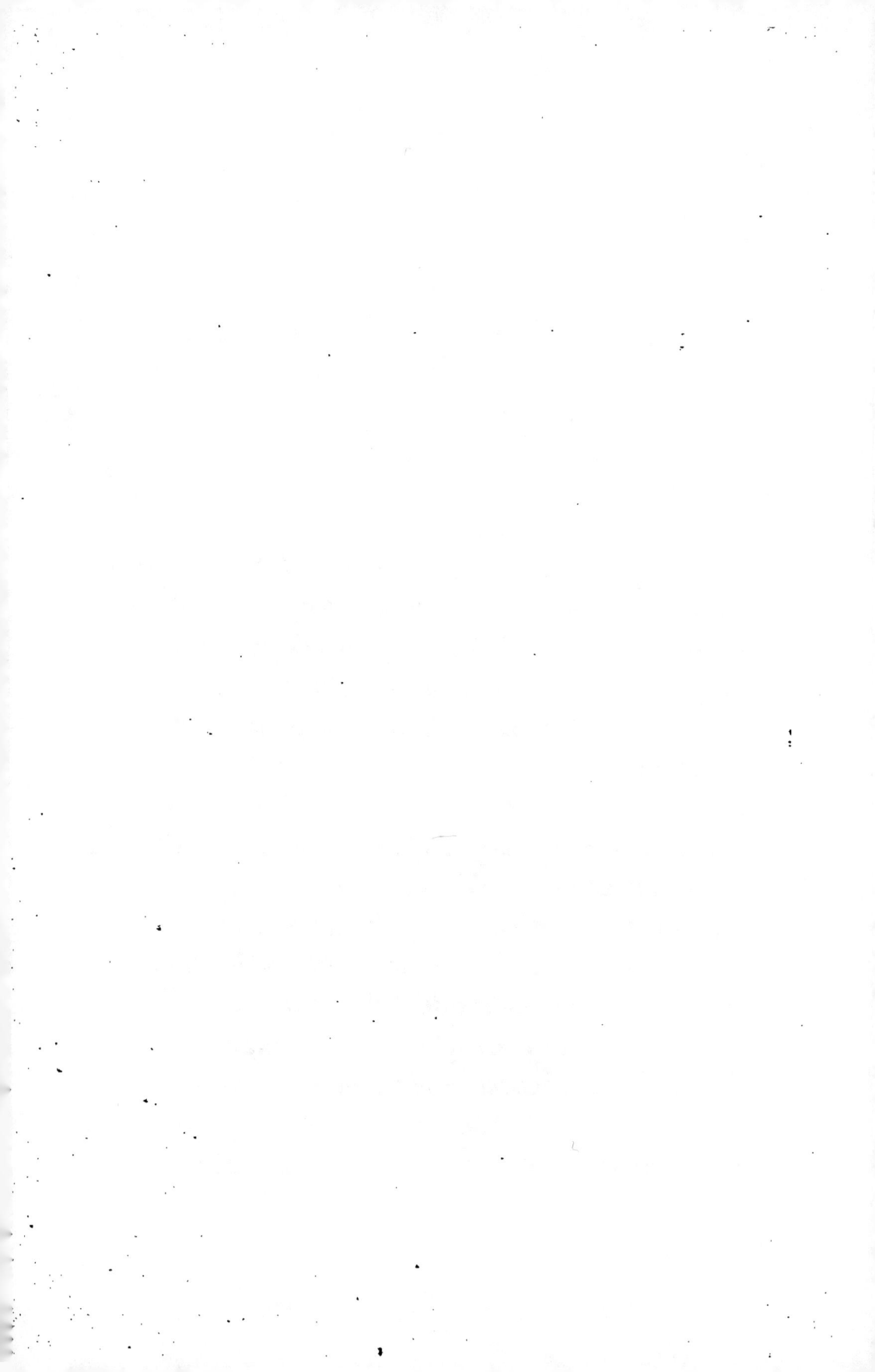

EN MANIÈRE DE PRÉFACE

Voici bientôt trois ans que mon très distingué confrère et ami, M. Cordier, directeur du Nouvelliste de Bordeaux, *me confiait le soin de tenir désormais ses lecteurs au courant du mouvement théâtral de Paris — me recommandant seulement, comme un point essentiel, de m'abstenir de lui donner un compte rendu dramatique suivant la formule, et de me contenter de lui envoyer des notes légères et rapides, véritables esquisses destinées à refléter autant que possible, d'une manière très succincte, la physionomie des premières représentations, auxquelles le monde des départements tend d'ailleurs à s'intéresser aujourd'hui à l'imitation du public parisien.*

Sans être assez présomptueux pour croire que ces sortes d'instantanés puissent avoir acquis, en vieillissant, à l'instar de nos crus célèbres du Bordelais, un prix qui les hausse au niveau artistique d'une véritable œuvre de cri-

tique théâtrale, nous avons pensé que peut-être ce n'était pas une prétention trop grande que d'essayer de faire revivre, en rassemblant ces notes éparses, une image, même affaiblie, de la plupart des soirées dramatiques ou comiques de ces dernières années.

MM. les Auteurs, Directeurs ou Artistes, qui ont pu y voir, à leur apparition, le témoignage spontané de notre sympathie, retrouveront ici les échos persistants et durables de la constatation des divers succès que le public a consacrés.

Mais, pénétré du sentiment qu'une semblable tentative est assurément d'une bien minuscule valeur, j'ai cherché à donner à cette mince publication un titre dont le peu de consistance, « les poussières de la rampe », *me semblait, mieux que tout autre, en harmonie avec son contenu.*

*
* *

Quelques lecteurs bienveillants, et ayant assez le goût des choses du théâtre pour prendre plaisir à en évoquer rétrospectivement les sensations multiples, d'une intensité et d'une saveur parfois si singulièrement attachantes, pourront relire, non sans un certain intérêt, ces espèces de tableautins en miniature, d'une exacte fidélité, en dépit de leurs dimensions si exiguës, et présentant un peu l'impression de l'objet qui s'offre à nos regards lorsque nous retournons le bout de la lorgnette.

En vérité, de combien d'aromes variés, délicats et subtils, ne se compose-t-elle pas l'atmosphère artificielle, enivrante et troublante dont s'imprègnent les toiles d'un théâtre !

L'analyse vaudrait la peine d'en être tentée par une plume plus autorisée et en des lignes moins brèves.

Que de réflexions empreintes de je ne sais quelle philosophie ironique, à la fois joyeuse et amère, se dégagent, par exemple, soit de l'examen attentif d'une salle de première, ou de répétition générale, soit, pour l'observateur expérimenté, d'une soirée de spectacle ordinaire ! Par une particularité assez bizarre, on dirait presque que chaque jour de la semaine, dans un théâtre, même en dehors de certaines conventions mondaines, à peu près officiellement établies, possède un peu sa clientèle spéciale, sans parler de la catégorie des spectateurs fréquentant les matinées, qui mériterait une étude à part.

Enfin, que d'observations peut-on faire, à certains égards, encore plus originales et suggestives, en regardant tout ce qui se passe hors des yeux du profane, au delà des feux de la rampe, dans ce milieu conventionnel et factice, en proie sans cesse à un mirage où tout se grossit démesurément, comme par un effet d'optique, et qui est à lui seul un si curieux microcosme !

*
* *

Après tout, la vie elle-même, telle qu'elle se déroule aux yeux du moraliste indépendant et désabusé, n'est-elle pas un spectacle autrement extraordinaire, fournissant une étude d'une impression encore plus saisissante?

Sur la scène du monde, où les hommes s'agitent si souvent pêle-mêle, pressés, poussés, roulés, — roulés surtout, — les chutes ou les cascades, pour beaucoup d'entre eux, tout au moins, ne sont-elles pas hélas, plus tristes et plus graves que dans le domaine du drame et de la comédie?

On n'en est plus, n'est-ce pas? au théâtre de l'humanité, à faire le compte des sauts en avant, ou en arrière!

Et sur ce terrain-là, sans doute, celui qui mord définitivement la poussière ne garde pas l'espoir de se relever par une nouvelle reprise ou par une autre création...

Si donc la réalité est parfois d'une intensité bien plus cruellement poignante, ne convient-il pas, d'autant mieux, de savoir gré de leurs efforts à ceux qui réussissent à nous distraire ou à nous passionner, en nous transportant, pendant quelques heures, dans les régions enchanteresses de l'allégorie et de la fiction?..

*
* *

En regardant, comme à travers un prisme diapré, ces fines poussières de la rampe, n'est-il pas vrai que nous éprouvons quelque jouissance intime à oublier un moment tous les âpres coups d'air ou les vents mauvais qui, dans la réalité de la vie, soufflent trop souvent en tempête?..

Et, à ce titre, il m'a toujours paru que nous devions de véritables actions de grâces aux auteurs et aux artistes, dont le talent nous berce — et parfois nous endort — sous le charme magique de l'illusion!

PAUL DE CHAMBERET.

Paris, décembre 1897.

LES

POUSSIÈRES DE LA RAMPE

———

15 avril 1895.

Après *La Princesse lointaine*, à la **Renaissance**, *La Princesse de Bagdad* au **Gymnase**.

Dans son genre, celle-ci est bien également un peu lointaine, car c'est en 1881 qu'elle affronta pour la première fois la rampe à la Comédie-Française.

Cette pièce, qui n'est sans doute pas une des meilleures du théâtre d'Alexandre Dumas, vaut surtout par son mouvement scénique, son action parfois bizarre mais toujours empoignante.

Mme Jane Hading, sans y montrer la fougueuse inspiration qu'y déployait Mme Croizette, a su cependant interpréter les nuances difficiles du rôle de Lionnette avec un remarquable talent. MM. Calmettes, Dumeny, Dieudonné et Leraud ne méritent que des éloges.

〜〜〜 Dans la nouvelle pièce des **Folies-Dramatiques**, de M. Barré, musique de M. Banès, ce n'est plus d'une princesse, mais bien d'un roi qu'il est question, *Le Roi Frelon*, un vrai souverain d'opérette, qui n'a que le droit

Les Poussières de la Rampe. ·1

de porter la couronne sans qu'il lui soit permis d'exer-
cer le pouvoir.

Le livret est un peu quelconque, sauf en certains
détails d'une fantaisie assez amusante.

La partition contient plusieurs jolis morceaux. La
charmante Mlle Cassive joue le principal rôle de cette
opérette avec beaucoup d'entrain, de finesse et de
grâce.

29 avril 1895.

La nouvelle direction du théâtre des **Menus-Plaisirs,**
à laquelle nous souhaitons très sincèrement bonne
chance, vient d'opérer sa réouverture, non sans avoir
apporté à l'installation de la salle quelques améliorations
heureuses.

La pièce d'inauguration, écrite par M. Boucher d'Ar-
gis, et intitulée *Les Erreurs de Colardet*, quoique bien interprétée par MM^{mes} Sylnac et Lafarge, et MM. Vaudenne,
Clément et Dubos, n'est malheureusement pas une pièce
de résistance.

Et l'on ne peut qu'excuser les erreurs de Colardet en
songeant à celle qu'ont commise auteur et directeur avec
cette « comédie-bouffe », nous dit l'affiche, que nous
aurions voulu voir plus amusante !

〜〜〜 Le théâtre de la **Tour Eiffel** s'apprête à rouvrir
prochainement avec *Paris-Soleil*, une nouvelle revue de
M. Flers, qui sera jouée par l'auteur lui-même, dont on
connaît la finesse spirituelle, secondé par MM^{mes} Sidley
et Laporte, et MM. Florent, Coste, etc.

2 mai 1895.

Notre confrère, M. Adolphe Aderer, qui avait donné à l'**Odéon** une adaptation remarquable d'*Egmont*, nous a offert hier sur ce même théâtre la première représentation d'*Isora*, drame en quatre actes et six tableaux, très ingénieusement tiré des histoires des républiques italiennes au XVe siècle.

Cette pièce, qui a paru laisser le public un peu froid, renferme pourtant, en une forme sobre et tout à fait littéraire, plusieurs scènes d'une valeur dramatique incontestable.

Parmi les interprètes, il convient surtout de citer M. Rameau, dans le rôle de Galéas Sforza, qu'il a très puissamment composé, et Mlle Dorsy qui est douée d'un talent original, très gracieux et poétique, mais dont la voix nous a paru bien faible hier soir.

M. Vérouge de la Nux a écrit pour ce drame une musique de scène on ne peut mieux réussie.

A signaler notamment la chanson du pêcheur, délicieusement dite par Mlle Piernold, qui a été très justement applaudie.

Les **Folies-Dramatiques** viennent de reprendre une amusante opérette de MM. Ordonneau et Keroul, musique d'Ed. Audran : *L'Oncle de Célestin*.

Jouée par la plupart des créateurs de la pièce, auxquels il faut ajouter la charmante Mlle Cassive et le baryton Perrin, elle a obtenu hier un très gros succès avec lequel l'élégant théâtre de M. Peyrieux terminera sa saison.

5 mai 1895.

Le théâtre de la **Gaîté** vient de nous donner une brillante reprise du *Grand Mogol*, le charmant opéra-bouffe de M. Ed. Audran.

On se rappelle que cet ouvrage, joué d'abord à Marseille en 1877, fut représenté à Paris en 1884.

Certes, dans le cadre élégant et grandiose où M. Debrugère s'est plu à le remonter, il ne saurait manquer de retrouver le même succès qu'il avait eu à cette époque.

La pièce est d'ailleurs amusante, et la partition, alternativement mélodique ou joyeusement endiablée, contient plusieurs morceaux délicieux.

La mise en scène est très soignée, et l'interprétation excellente, surtout avec Mme Bernaërt dont la voix est plus fraîche que jamais, M. Fugère qui est toujours un artiste inimitable, et Mlle Anspach, sans omettre MM. Noël, Dacheux et Mlle Jeanne Lamothe, dans une sorte de danse serpentine d'une création véritablement suggestive.

13 mai 1895.

M. Larcher, l'aimable directeur des **Bouffes-Parisiens,** a cru devoir recourir à quatre parrains pour constituer *La Dot de Brigitte,* une nouvelle opérette en trois actes, qui a brillamment réussi l'autre soir sur cette charmante petite scène, sous les auspices de deux spirituels librettistes, MM. Paul Ferrier et Antony Mars, et de deux compositeurs de talent, MM. Gaston Serpette et Victor Roger.

Je n'entreprendrai pas de vous narrer la pièce, qui repose sur une série de quiproquos rappelant un peu *Mademoiselle de Belle-Isle*, toute pleine de situations amusantes et de mots gais d'excellente facture.

La partition, d'une touche alerte, joyeuse et galante, qui s'harmonise avec le livret, contient plusieurs jolis airs dont quelques-uns ne tarderont sans doute pas à devenir populaires.

Félicitations bien sincères à Mme Simon Girard, plus artiste et plus jeune que jamais, à M. Huguenet qui a trouvé là un de ses meilleurs rôles, et à tous les autres, tels que MM^mes Gallois, Alice Bonheur, et MM. Barral, Théry, Lamy, etc.

 Le **Théâtre Mondain** vient de renouveler son affiche en nous donnant *La Comtesse de Lionne*, une comédie en trois actes, de M. Victor Mapes.

Il faut avouer que cette pièce, d'ailleurs bien interprétée, n'offre pas beaucoup de consistance.

Le spectacle est complété par un monomime de MM. Millauvoye et Eudel, avec une agréable musique de M. Eugène Michel, *La Nuit Blanche*, où Mlle Renée Debaude exprime les diverses impressions d'une jeune mariée avec une finesse tout à fait captivante.

19 mai 1895.

Décidément, la mode est aux pièces étrangères sur nos scènes parisiennes !

Voici que la **Porte Saint-Martin** vient de monter *La Dame de Carreau*, une adaptation française, en cinq actes et huit tableaux, de *The Fatal Card*, de MM. Chambers et Stephenson.

Cette pièce qui, en somme, n'est qu'un mélodrame assez ordinaire et sans grande originalité, a obtenu pourtant un succès prolongé en Angleterre, et très probablement elle fournira encore à Paris un chiffre respectable de représentations.

L'interprétation en est d'ailleurs fort satisfaisante, et l'on ne saurait trop louer le jeu sincère et ému de Mlle Dux, déjà très remarquée dans *Mademoiselle Ève*, de Gyp, à la Comédie-Parisienne, l'élégance de Mlle Darmières, et la diction fine et correcte de Mlle Lina Munte. Du côté des hommes, MM. Desjardins, Volny et Péricaud méritent d'unanimes éloges.

La mise en scène est très soignée.

~~~~~ Le théâtre de la **Tour Eiffel** (direction de la Bodinière) vient de faire sa réouverture annuelle avec une nouvelle revue en deux actes, étincelante comme son titre, *Paris-Soleil*, de M. P.-L. Flers, dont une autre pièce à désignation également lumineuse, *Autour de la lampe*, avait si bien réussi cet hiver dans les cercles et au théâtre d'application.

L'amusante revue de *Paris-Soleil*, pleine de mouvement et d'entrain, est on ne peut mieux conduite par la jolie Mlle Sidley, qui représente la tour Eiffel, et M. Desrozais, un excellent compère.

Mlle Léonie Laporte y a remporté également, le soir de la première, un très vif succès pour sa verve fantaisiste et sa gaieté communicative.

21 mai 1895.

La reprise de *La Périchole*, au théâtre des **Variétés**, présentait, hier soir, l'éclat d'une grande première.

Toujours charmant, cet opéra-bouffe, où MM. Meilhac et Halévy ont semé à profusion leur esprit endiablé, et qui, sans tomber jamais dans la période grossière, dégage comme un certain parfum littéraire, même au milieu de la fantaisie la plus échevelée.

Quant à la musique, elle est restée jeune, alerte et gracieuse, et nous n'hésitons pas à penser que *La Périchole* est bien une des plus réussies sinon la meilleure des partitions du maëstro Offenbach.

La rentrée de Mlle Jeanne Granier était assez curieusement attendue. Son succès s'est d'ailleurs brillamment affirmé dès le premier acte.

M. Guy, le nouveau Piquillo, a été aussi unanimement applaudi.

Compliments également mérités à MM. Baron, Lassouche, Petit, à MM^mes Tylda, Raphaëlle, Fugères, etc., et à l'habile chef d'orchestre, M. Fock, qui a vraiment droit à des félicitations toutes spéciales.

25 mai 1895.

Qui donc avait prédit que *Les Demi-Vierges*, transportées au théâtre du **Gymnase**, n'y trouveraient qu'un demi-succès ?

Certes, ceux qui ont assisté à la première représentation de la comédie de M. Marcel Prévost ont pu avoir une tout autre impression.

Non pas que la valeur dramatique de cette pièce soit peut-être bien grande, car l'action, il faut le reconnaître, se noue d'une façon un peu vague et assez lente.

Mais, en tant que peinture de mœurs, analyse de tempéraments, pénétration de caractères, on peut dire que M. Marcel Prévost s'affirme une fois de plus comme un maître dans cette œuvre d'une hardiesse intéressante.

Toutefois, pour accepter avec l'auteur les théories plus ou moins scabreuses qu'il développe, nous devons admettre comme point de départ que, sous cette dénomination de demi-vierges, il n'a voulu comprendre qu'un groupe de jeunes filles (assez nombreuses, hélas !), élevées avec trop de relâchement, trop richement, sans doute, trop laïquement peut-être, mais que ses héroïnes resteront encore à l'état d'exception très limitée, n'est-ce pas, dans notre société française ?

L'interprétation est parfaite. Mlle Jane Hading montre dans le personnage de Maud une grâce hautaine et féline tout à fait en situation. Excellentes aussi Mlle Yahne, qui déploie dans son rôle une espièglerie exquise, et

MM^{mes} Henriot, Samary, Leconte, etc. Quant à M. Mayer, il représente M. de Chantrel d'une façon vraiment remarquable. Compliments encore à MM. Lerand, DuMény, Calmettes, etc.

On sait que le roman de M. Marcel Prévost a atteint le chiffre prodigieux de quatre-vingt-quinze éditions. Dans le même ordre d'idées, nous n'hésitons pas à penser que sa nouvelle pièce arrivera facilement à la centième.

21 juin 1895.

Très agréable, et tout à fait littéraire, le spectacle coupé que l'on donne depuis quelques jours à la **Comédie-Française.**

C'est d'abord *Conte de Noël*, représenté autrefois au théâtre des Marionnettes de la galerie Vivienne, et qui, malgré le vaste cadre de notre première scène parisienne, n'en reste pas moins un petit acte en vers fort joli dans sa naïveté originale, qui fait grand honneur au poète Maurice Bouchor.

Nous devons ajouter qu'il est joué avec un art infini par MM. Paul Mounet, Georges Berr, et MM^{mes} Ludwig et Bertiny.

Fidèle, une nouvelle comédie en un acte et en prose, est une sorte de tableau de genre, contenant une analyse ingénieuse de scènes intimes, où l'on retrouve tout l'esprit de M. Pierre Wolff, le chroniqueur léger et caustique.

MM^{mes} Blanche Pierson et Amel, MM. de Féraudy et Leloir l'interprètent d'ailleurs d'une façon délicieuse.

Enfin *L'Amiral*, donné il y a quinze ans au théâtre du Gymnase, et qui a perdu un acte en vieillissant, est resté essentiellement jeune par tous les traits alertes, fins et piquants qui émaillent la pièce on ne peut plus amusante de M. Jacques Normand.

Cette sorte de vaudeville en vers fait admirablement ressortir le talent souple et fécond d'artistes merveilleux tels que MM. de Féraudy, Leloir, Laugier, et MMmes Amel, Muller et Lynnès.

12 août 1895.

Les Faux Bonshommes, la très spirituelle comédie de MM. Barrière et Capendu, jouée, pour la première fois, en 1856, viennent enfin, après de glorieuses étapes au théâtre du Vaudeville en 1879 et 1889, et à l'Odéon en 1891, de doubler le cap de la **Comédie-Française**, prenant ainsi très justement leur place au répertoire de notre première scène.

Le succès de cette dernière reprise ne pouvait guère être mis en doute, et on doit reconnaître que cette pièce, bien qu'en quelques parties un peu incomplète et inégale, présente incontestablement une remarquable et vigoureuse satire de la vie contemporaine qu'elle reflète avec une vérité parfois cruellement mordante qui en fait, en somme, une œuvre de premier ordre.

· Et puis, quelle vigoureuse succession de situations essentiellement amusantes et comiques ! Quel éblouissant scintillement de mots d'esprit du meilleur aloi !

M. Coquelin cadet est merveilleux dans le rôle de Peponnet, le bourgeois typique qui manque successivement à tous ses engagements avec une délicieuse insouciance.

Bien amusant aussi M. de Féraudy, dans le personnage de Bachecourt, auquel il prête un cachet de naturel inénarrable.

Le reste de l'interprétation est excellent avec MM. Prud'hon, Laugier, Berr, Truffier, Dupond-Vernont; MM^{mes} Ludwig, Fayolle, etc.

Mais pourquoi diable, par un contraste assez choquant, quelques saillies qui ont la prétention d'être drôles, le sont-elles quelquefois assez peu, frisant d'aventure la naïveté ou la niaiserie?

Je me demande si M. Théodore Barrière aurait voulu, par ce procédé, faire mieux ressortir tant d'autres bons mots si fins et si jolis...

Peut-être, encore, les moins bons sont-ils de M. Capendu, ce qui, après tout, ne serait pas un cas pendable!

10 septembre 1895.

M. Léon Marx, qui, en sa qualité de directeur du théâtre de **Cluny**, est, on peut le dire, coutumier des succès, vient encore d'en rencontrer un avec *Mam'zelle Bémol*, un nouveau vaudeville à grand spectacle, en quatre actes, dû à la collaboration de ce pauvre M. Raymond, récemment décédé, et de M. Delilia.

Cette pièce, tout à fait fantaisiste, très amusante surtout, à notre avis, dans l'acte de la « revue esthétique » qui y est ingénieusement intercalée, a réussi à faire rire à la première représentation à peu près tous ceux dont la chaleur ne paralysait pas trop les facultés.

A signaler de préférence, parmi les vingt numéros, dont quelques-uns bien drôles, de l'acte de la revue, la spirituelle parodie des chanteurs des rues.

Tous les artistes mériteraient d'être cités. Mais il est juste de mentionner plus spécialement Mlle Filliaux, ravissante dans le rôle de la belle Otero, et M. Allart, vraiment impayable dans le personnage du danseur espagnol, sans oublier MM. Hamilton, Lureau, Véret, Muffat, etc.

Vienne donc une température un peu moins anormale, et M. Marx, qui en a d'ailleurs l'habitude, continuera à encaisser chaque soir le *marx... imum !*

12 octobre 1895.

La **Comédie-Française** donnait hier la première représentation d'un petit acte en vers, *Le Faune*, pastorale, dit le programme, par M. Georges Lefèvre.

De fait, cette pastorale, en dépit de sa forme élégante et littéraire, nous a paru plutôt une sorte de conte philosophique d'un goût assez douteux.

Je sais bien que l'auteur prend soin de nous avertir que la scène se passe en Hollande, aux temps héroïques !

C'est égal, déjà, la semaine dernière, la Comédie nous offrait *Les Tenailles*, de M. Hervieu, qui sont, à notre avis, une regrettable diatribe contre le principe de l'indissolubilité du mariage. Et voici *Le Faune*, de M. Lefèvre, qui présente encore un spectacle plus troublant par ses tendances manifestement épicuriennes et panthéistes.

L'interprétation a été d'ailleurs excellente avec Mlle Reichemberg et M. Coquelin Cadet, l'une plus jeune et l'autre plus spirituel que jamais, sans oublier MM. Lambert fils et Paul Laugier.

Pour être tout à fait impartial, nous devons ajouter que cette pièce contient certainement des passages d'une intensité lyrique vraiment originale et harmonieuse.

Quantité de vers du *Faune* sont, sans contredit, de la meilleure facture, et, par moments, nous nous sommes pris à regretter de ne pouvoir en enregistrer quelques-uns au moyen d'un *fauno-graphe !*

16 octobre 1895.

Hier, a eu lieu, à l'**Ambigu-Comique**, la première représentation de la reprise de *L'As de Trèfle*, un grand drame de M. Pierre Decourcelle, habilement remanié et adapté au goût du jour, par lequel M. Rochard a eu l'heureuse idée d'inaugurer sa nouvelle direction, pensant peut-être que *L'As de Trèfle* l'aiderait à mettre toutes les bonnes cartes dans son jeu.

Nous ne tenterons pas ici de démontrer la charpente de ce curieux *mélo* en cinq actes et huit tableaux, construit, il faut le reconnaître, avec une ingénieuse dextérité.

Il est juste, du moins, que nous constations le jeu excellent de MM. Berton, Volny, Chelles, Gémier,

Decori, et Mlle Sarah Revill, en y joignant une mention spéciale pour Félicia Mallet, dont le succès a été éclatant.

〜〜〜 L'**Odéon** vient de faire une intéressante reprise de *La Vie de Bohême*, fort bien interprétée par MM. Amaury, Cornaglia, Magnier, Maubars, ainsi que par Mlle Piernold et surtout par Mlle Rose Syma, dont le talent délicat s'affirme chaque jour davantage.

Nous croyons cette artiste justement destinée à franchir la Seine « dès qu'on lui aura fait le pont », pour entrer à la Comédie-Française.

18 octobre 1895.

Très charmant, quoique lilliputien, le **Théâtre de Tabarin**, qui vient d'éclore aux alentours de la place Pigalle, où l'on joue, depuis quelques jours, une « revue tabarinique » fort spirituelle, ma foi, de M. Georges Docquois, qui y décoche, notamment à M. Félix Faure, des traits d'une adorable malice.

L'interprétation en est excellente avec MM. Depas, Seigneur, et MM^mes Querette et Bert.

Un délicieux à-propos en vers, de M. Redelsperger ; des chansons bretonnes, de M. Botrel, etc., complètent agréablement le spectacle.

〜〜〜 Votre compatriote, Jean Gascogne, le joyeux auteur de *Corignau contre Corignau*, vient de remporter une nouvelle victoire avec *Tous criminels*, un vaudeville en quatre actes, qui a été joué au **Théâtre Déjazet**, et dont toute la presse parisienne a constaté le gros succès.

Victor Henry, l'ex-pensionnaire du théâtre des Arts, que la direction de Déjazet vient d'engager, a fait, dans *Tous criminels*, des débuts très marqués.

A noter aussi les débuts de Mlle Jeanne Breuil, une future Alice Lavigne, qui, dans un rôle de quelques lignes, s'est taillé un joli succès.

Espérons que nous pourrons avant peu applaudir *Tous criminels* au théâtre des Arts de Bordeaux.

26 octobre 1895.

Hier, a eu lieu la première représentation, aux **Variétés**, du *Carnet du Diable*, pièce fantastique en trois actes et huit tableaux, de MM. Ernest Blum et Paul Ferrier, musique de M. Gaston Serpette.

Certes, nous sommes loin de la soirée de la veille, de *Messire du Guesclin*, à la Porte Saint-Martin! Mais, avec son entrain diabolique, ses jolies filles si bien habillées (ou déshabillées), ses décors somptueux et sa mise en scène vraiment étincelante, cette espèce de féerie-opérette présente bien un des plus charmants spectacles que l'on puisse imaginer. Nous signalerons surtout le troisième acte où se trouvent intercalés des tableaux vivants tout à fait délicieux.

L'interprétation est de premier ordre, avec MM. Baron, Brasseur, Guy, Lassouche, et MM^{mes} Méaly, Théry, Lavallière, Berthe Legrand, etc.

La musique du *Carnet du Diable* est naturellement

pleine de motifs endiablés, et nous serions prêts à gager que M. Samuel, qui est un bon diable, pourrait déjà inscrire, sans présomption, la centième sur son carnet.

12 novembre 1895.

Après la crise ministérielle au Palais-Bourbon, c'était hier soir *La Crise conjugale* à l'**Odéon**, une nouvelle comédie en trois actes, de M. Berr de Turique, qui s'est heureusement dénouée à la satisfaction de son très sympathique auteur.

Cette pièce est bien d'une psychologie quelque peu compliquée peut-être, mais elle est habilement coupée d'épisodes agréables et ne manque ni d'action, ni d'intérêt.

Nous devons ajouter que Mlle Lara, une jeune débutante qui promet, a vraiment su rendre d'une façon tout à fait intelligente les vibrations et les variations du cœur féminin.

Compliments, également mérités, à MM^{mes} Vissocq et Fège ; à M. Magnier, qui se tire adroitement d'un rôle assez délicat ; à M. Rameau et aux autres interprètes.

Le spectacle était complété par *La Demande*, une sorte de saynète rustique, de MM. Jules Renard et Georges Docquois, bien jouée par Montbars, Paumier et plusieurs aimables artistes qui nous ont paru faire aimablement la demande... et la réponse.

En fait de pastorale, on avait repris également, comme lever de rideau, *Les Jumeaux de Bergame*, une très fine fantaisie de Florian.

Vous pourrez voir ces jumeaux avec agrément et ferez bien, dans la circonstance, de ne pas oublier vos... jumelles !

20 novembre 1895.

Le petit théâtre minuscule de la **Galerie Vivienne** vient, pour sa réouverture, de reprendre deux opéras-comiques, *Adolphe et Clara*, de M. Marsollier, musique de Dalayrac, et *Les Visitandines*, de Picard, musique de Devienne, qui ne sont rien moins que deux des plus jolies œuvres de notre vieux répertoire.

Spectacle agréable et de bon goût, où l'on peut, en toute sécurité, conduire les jeunes filles, car il ne s'y trouve aucune de ces allusions plus ou moins déplacées qui font trop souvent aujourd'hui le principal ornement de nos pièces modernes.

Compliments aux artistes : MM^{mes} Darbel, Théra, Jane Mary, et MM. Biard, Debray, Delbos, etc., et au directeur, M. Bouvret, qui s'est décidé à donner, cette année, des représentations quotidiennes appelées, croyons-nous, à un véritable succès.

23 novembre 1895.

Hier, a eu lieu, au **Vaudeville**, la première des *Viveurs*, comédie en quatre actes, de M. Henri Lavedan, le jeune écrivain distingué et brillant, qui y dépeint, d'une façon très réussie, une partie, et non des moins curieuses à étudier, de nos mœurs contemporaines.

Les Poussières de la Rampe.  3

Nous sommes également heureux de constater que cette pièce a été une fois de plus, pour Mme Réjane, l'occasion d'un admirable triomphe. Et autour d'elle, quelle longue théorie d'artistes qui, pour la plupart, ont véritablement fait preuve de qualités tout à fait supérieures : MM. Mayer, Boisselot, Candé, Galipaux, Munés, et MM^mes Yahne, Cécile Caron, Samary, Sorel, etc. Ajoutons que la mise en scène est un chef-d'œuvre de bon goût et d'exactitude artistique.

Peut-être pourrait-on reprocher à cette comédie son canevas assez mince et son action un peu lente jusqu'au troisième tableau ; mais elle est si agréablement remplie de détails ingénieux et spirituels !

Certes, le public n'aura cure de chercher chicane à l'auteur, auquel il saura gré de lui avoir donné une pièce essentiellement parisienne, tout à fait amusante et d'une réalité bien suggestive.

Avec ses scènes vraiment vécues et ses personnages si vivants, *Les Viveurs* vivront, n'en doutez pas, pendant une longue série de représentations.

27 novembre 1895.

C'était, samedi, première représentation, au théâtre de l'**Ambigu**, du *Capitaine Floréal*, drame en cinq actes et six tableaux, de MM. Depré et Moreau. On sait que ce dernier, qui cultive assez agréablement le cycle de Bonaparte, avait déjà été l'heureux collaborateur de M. Sardou pour *Madame Sans-Gêne*.

Avec ce nouveau drame, bien écrit et encore mieux joué, ces aimables auteurs nous présentent cette fois une sorte de roman d'amour, ingénieusement intercalé dans un milieu historique et militaire où vibrent, non sans émotion, quelques souvenirs d'une gloire aujourd'hui éclipsée.

M. Volny a réussi à composer excellemment le personnage très sympathique du capitaine Floréal.

A côté de lui, évolue gracieusement la jolie et très touchante Mlle Laure Fleur.

MM. Chelles, Gémier et Decori méritent également des éloges tout particuliers.

La mise en scène est très soignée et d'une remarquable exactitude, notamment en ce qui concerne les costumes, pour lesquels M. Detaille a bien voulu, dit-on, fournir d'utiles indications.

En résumé, cette pièce pourra plaire à beaucoup de monde, et il nous paraît certain que le *Capitaine Floréal* ne prendra pas de longtemps sa retraite à l'Ambigu.

19 décembre 1895.

Le **Théâtre Libre** qui, en cette qualité, ne se gêne pas pour déménager, vient en ce moment de planter sa tente dans la jolie petite salle de la Comédie-Parisienne.

Hier, nous étions conviés à la première représentation du *Cuivre*, une nouvelle pièce en trois actes, de MM. Paul Adam et André Picard, qui, à l'instar de quelques-unes de ses devancières, nous a bien paru un peu étrange et incohérente. Parfois, le cuivre sonne faux, et il s'y trouve certain alliage dont la composition n'est pas trop de notre goût.

Mais, à côté de ces défauts plus ou moins choquants, il est juste de reconnaître que cette œuvre (qui joint à une peinture de mœurs assez curieuse une discussion ingénieuse de diverses questions sociales) contient vraiment plusieurs scènes émouvantes, écrites dans un style sobre et élevé.

Parmi les interprètes, il convient de citer MM. Larochelle, Raymond, Christian, Dupont, et MMmes Bady, Gerfaut et Andry.

Et maintenant, il nous reste à souhaiter que *Le Cuivre* fasse de l'argent.

25 décembre 1895.

Une véritable pluie de premières représentations depuis deux jours :

D'abord, aux **Folies-Dramatiques**, *Le Baron Tzigane*, cet opéra-comique en trois actes, de M. J. Strauss, qui a fait fureur à Vienne pendant plus de 600 représentations. (Traduit en français par M. Lafrique.)

Cette partition, d'un goût fort original, remplie de vibrations imprévues et de pittoresques sonorités, contient plusieurs pages tout à fait entraînantes. L'orchestre et les chœurs s'y sont montrés excellents. MMmes Jane Pernyn, Paulin, Jane Evans, Josée Maya, et MM. Hitteman, Monteux, etc., se sont fait acclamer.

~~~~ A l'**Ambigu**, *La Mendiante de Saint-Sulpice*, un nouveau drame à grand spectacle, en cinq actes et dix

tableaux, tiré du célèbre roman du *Petit Journal*, un peu bien sombre et touffu, mais vraiment pittoresque et émouvant. Quelques décors sensationnels. Excellente interprétation avec MM. Pierre Berton, Chelles, Volny, Decori, Gémier, et MM^{mes} Laure Fleur, Esquilar, Vallée, etc.

~~~~ Au **Théâtre Déjazet**, une très amusante *Revue de fin d'année*, en trois actes et douze tableaux, contenant quantité de scènes suggestives et spirituelles, conduite avec un merveilleux entrain par M. Roux, un excellent compère, et la jolie Mme d'Orville.

~~~~ Enfin, au **Gymnase**, la nouvelle pièce de Victorien Sardou, *Marcelle*, que nous regrettons de ne pouvoir que mentionner sans l'avoir vue. Nous serions en droit d'en vouloir un peu au directeur du Gymnase; mais, dans la pensée qu'il connait ses classiques, nous nous contenterons de lui rappeler, à propos de *Marcelle*, la citation latine assurément de circonstance : *Tu Marcellus eris !*

31 décembre 1895.

Les Escholiers ont donné, hier soir, à la **Comédie-Parisienne**, leur premier spectacle de la saison : *Entre Mufles*, une comédie satirique de M. Maurice Talmeyr.

Cette pièce, d'un certain genre « rosse », à notre avis un peu trop en faveur aujourd'hui, n'en offre pas moins des qualités réelles. Elle a été bien jouée par la plupart des interprètes, principalement par Mlle Rose Syma, de l'Odéon.

〜〜〜 Très agréable le nouveau spectacle coupé du **Théâtre de la Bodinière**, *les Croix*, une spirituelle saynette de M. Henri Lavedan ; puis une amusante revue en un acte de MM. Dedey et Darteguy ; enfin, une très fine comédie en un acte, en vers, de M. Georges Docquois, le tout interprété par d'excellents artistes, comme il est de tradition chez M. Bodinier.

Dans la journée, M. Léopold Lacour avait fait, au même théâtre, une conférence sur « l'Amour et la Femme pendant la Révolution française ».

On l'a, paraît-il, beaucoup applaudi, ce qui nous surprend d'autant moins que nous n'ignorions pas combien M. Lacour s'entendait... à la faire aux dames.

6 janvier 1896.

Hier a eu lieu la première représentation, au **Nouveau-Théâtre**, des *Dessous de l'Année*, une grande revue en trois actes et huit tableaux, de MM. Clairville, Vely et Vallin, musique de M. Rosé, qui ne manque ni de traits, ni d'attraits.

Beaucoup de mouvement, de l'entrain et de l'esprit ; sans parler des décors et des costumes qui sont d'une somptueuse élégance. Excellents dans les deux rôles principaux, M. Regnard et Mlle Sidley.

A signaler encore MM. Hurteaux, Modot, Lamy, et MM^mes Laporte, Viviane, Debarry, etc., et surtout Mlle Aimée Eymard, en Vérité sortant du puits! En la voyant, on se prend à songer que si toutes les vérités ne sont pas bonnes à dire, celle-là est du moins bonne à regarder...

4 février 1896.

Vendredi, l'on donnait, aux **Variétés**, la première représentation d'*Une Semaine à Paris*, la grande revue en trois actes et douze tableaux, de MM. Monréal et Blondeau, impatiemment attendue du public parisien.

Très amusant et fort spirituel le défilé des curiosités, incidents, spectacles et événements qui firent l'agrément ou le souci de l'année 1895.

Mlle Leuder est, en vérité, la plus agréable des commères. Charmantes, comme toujours, MM^mes Ugalde, Balthy, Lavallière, Berthe Legrand, Marie Théry et les autres. Excellents, dans des rôles très variés, MM. Baron, Brasseur, Milher, Lassouche, Guy, Petit, etc.

Décors et costumes sont d'une richesse et d'une magnificence inouïes, et la revue se termine par une sorte de cortège triomphal aux arènes gallo-romaines de la rue Monge, ressuscitées pour la circonstance, qui est d'un effet vraiment saisissant.

Certes, la *Semaine à Paris* attirera facilement pendant bien des mois, à Paris, les provinciaux ou les étrangers qui n'y passent même qu'un jour.

19 février 1896.

Une pièce de M. Henri Meilhac est toujours une bonne fortune pour les délicats et les lettrés, et l'heureux auteur de tant d'œuvres spirituelles n'a pas voulu répudier cette tradition en nous donnant, avant-hier, *Grosse Fortune* sur la scène de la **Comédie-Française**.

L'intrigue en est bien un peu mince, l'action n'y a pas beaucoup d'ampleur, mais les détails sont d'une finesse et d'un charme exquis en cette comédie de genre, d'une fantaisie gracieuse, et où les jolis mots abondent.

La mise en scène est des plus soignées. Quelques toilettes sont d'une élégance exceptionnelle.

L'interprétation est de premier ordre avec MMmes Bartet, Brandès, Pierson; MM. Le Bargy, Duflos, Coquelin, etc.

⏤⏤⏤ Les **Folies-Dramatiques** viennent de donner une nouvelle opérette en trois actes, *La Fiancée en loterie*, de MM. Camille de Roddaz et Alfred Douane, musique de M. André Messager.

La pièce se passe au pays d'Espagne, dans un cadre original et pittoresque. La partition, d'une note alerte et gaie, contient plusieurs motifs délicieux.

A signaler, parmi les artistes : Mlle Cassive, qui a fait une rentrée sensationnelle, MM. Hittemans, Périer, Vauthier, Pierre Achard, etc.

Et maintenant, souhaitons que *La Fiancée en loterie* apporte un gros lot à la Direction des Folies-Dramatiques.

20 février 1896.

La nouvelle pièce, *Le Dindon*, de M. Georges Feydeau, l'heureux auteur de *Champignol malgré lui* et de *L'Hôtel du Libre-Échange*, a remporté la semaine dernière, au théâtre du **Palais-Royal**, un succès qui s'affirme chaque jour davantage.

L'auteur, qui n'a, selon nous, que le défaut de s'écarter vraiment un peu trop du ton de la comédie de bonne compagnie, possède, sans contredit, un art quelque peu magique pour faire rire les spectateurs par des procédés d'une extravagance parfois gigantesque.

L'interprétation est excellente avec MM^{mes} Cheirel, Lavigne, et MM. Dubosc, Raimont, Maugé, Huguenet, etc.

S'il est vrai que M. Feydeau ait éprouvé d'assez grosses pertes, ces temps derniers, dans les affaires des mines du Transvaal, nous gagerions bien que par compensation ce *Dindon* est appelé à devenir pour lui une poule aux œufs d'or.

〜〜〜 Au **Théâtre Cluny**, que la chance accompagne, *Le Voyage de Corbillon* a été très favorablement accueilli.

C'est un gai vaudeville-opérette sans prétentions, où se retrouve l'esprit toujours si vif et si alerte de M. Antony Mars. La musique de M. Victor Roger est gaie comme la pièce, et *Le Voyage de Corbillon* fera certainement faire à beaucoup de Parisiens celui de la rive gauche.

23 février 1896.

Avant-hier, a eu lieu, au théâtre de l'**Ambigu,** la première représentation des *Deux Gosses* , un nouveau drame à grand spectacle en deux parties et huit tableaux, de M. Pierre Decourcelle.

Cette pièce, une des mieux construites que l'on puisse imaginer, contient plusieurs scènes intéressantes et émouvantes, dont quelques-unes d'une grande délicatesse de sentiments qui contrastent fort agréablement avec le genre mélo d'un goût souvent si douteux.

Elle est de plus jouée d'une façon remarquable par MM. Decori, Pierre Berton, Gémier, Renot, et MM^{mes} Barety, Laure Fleur, etc.

Quant aux deux rôles principaux des *Deux Gosses*, ils sont interprétés par Mlle Mellot, et surtout par Mlle Reyé, avec un talent tout à fait supérieur.

A Bordeaux, où Mlle Reyé compte tant de sympathies, on ne sera pas surpris d'apprendre le succès éclatant que son jeu distingué et sa diction remarquable lui ont tout particulièrement conquis près du public parisien.

La mise en scène de ce drame a été réglée avec un soin merveilleux, et plusieurs tableaux sont d'un effet saisissant.

En regardant notamment cet admirable décor si grandiose et si artistique de l'écluse du pont d'Austerlitz, je me suis dit aussitôt, par une évocation d'un souvenir historique : Encore une bataille gagnée !

11 mars 1896.

Les représentations du **Théâtre de la Bodinière** continuent à être très suivies. Certes, il est difficile d'imaginer spectacle plus varié et mieux choisi.

Tous nos compliments à M. Bodinier et à l'aimable phalange de conférenciers de distinction ou d'artistes de talent dont il sait toujours si bien s'entourer.

~~~~~~ Aux **Folies-Bergère,** on voit depuis quelques jours une nouvelle série de numéros vraiment exceptionnels.

Des « acrobates mondains » inénarrables ; la jolie Paola del Monte, une brune Espagnole dans le genre de la belle Otero ; les Egger, chanteurs tyroliens de premier ordre ; une *voiture américaine* qui est la plus extravagante des drôleries, etc. Toutes ces attractions plus ou moins étourdissantes constituent des *clous* tout à fait sensationnels, avec lesquels on s'explique que la Direction de ce théâtre réussisse à *accrocher* le succès !

13 mars 1896.

Encore un nouveau théâtre, sous le nom de **Théâtre Blanc,** que vient de fonder Mᵐᵉ Marie Samary, à la galerie des Champs-Élysées.

C'est peut-être une idée assez ingénieuse que de grouper sous ce vocable une série de spectacles véritablement appropriés aux jeunes filles (il y en a heureusement encore) qui ne sont pas des demi-vierges !

Nos meilleurs vœux pour la réussite de cette entreprise.

〰〰〰 M. Bloch s'apprête, d'autre part, à reprendre, au **Théâtre Mondain,** les représentations d'enfants qu'il avait inaugurées, il y a quelque temps, sur la scène des Nouveautés.

Pour le coup, ceci n'est même plus du théâtre blanc. Ne serait-ce pas plutôt du *semblant* de théâtre ?

2 avril 1896.

Il paraît décidément que les traductions de pièces étrangères deviennent de plus en plus en vogue.

Pour inaugurer sa récente prise de possession du théâtre de l'**Olympia,** M. de Lagoanère a cru devoir nous donner *La Grand Via* (allusion à la grande voie, non de Bordeaux, mais de Madrid), une sorte de revue espagnole de Felippe Percy, ingénieusement adaptée au goût français par les soins ordonnés de M. Ordonneau.

La musique, d'une orchestration élégante, est à la fois originale et gracieuse.

La pièce est parfaitement mise en scène et fort bien jouée, surtout par la jolie Mlle Micheline.

Nous pronostiquons volontiers grande vie à *La Grand Via,* dans le brillant music-hall du boulevard des Capucines.

13 avril 1896.

M. Carvalho va décidément remettre en répétition à **l'Opéra-Comique** un des plus jolis ouvrages d'Ambroise Thomas, *Le Caïd*, qui aura pour principaux interprètes : Mlle Tiphaine, dans le rôle de Virginie, et M. Hermann Devriès, dans celui du tambour-major, où les Bordelais doivent se souvenir du grand succès qu'il y a déjà obtenu.

~~~~ Très curieux, en vérité, le Musée de figures de cire, que M. **Oller** vient d'inaugurer dans les vastes soussols de l'Olympia.

La plupart de ces modèles ont été exécutés par le sculpteur Ludovic Durand.

L'histoire du Petit Poucet est appelée, croyons-nous, à faire particulièrement la joie des enfants.

Plusieurs autres scènes sont tout à fait réussies, notamment celle du Départ des pêcheurs pour l'Islande, — l'Atelier d'un artiste, — une Descente de police dans un tripot, etc.

Je vous recommande encore un grand polichinelle automate, qui tourne de la main droite la manivelle d'un piano mécanique, tandis qu'il bat la mesure de la main gauche, tout en se livrant à des gestes de physionomie fort drôles.

Je demandais à un gardien combien ce polichinelle pouvait jouer d'airs ? Et lui de me répondre : mais monsieur, *tous les airs !* — « *Oller* »... probablement.

6 avril 1896.

M. Samuel, continuant son intéressante campagne de reprise de nos plus célèbres opérettes, vient de remonter, d'une façon particulièrement brillante, *L'Œil crevé*, cet opéra-bouffe en trois actes, d'une fumisterie si étrangement charantonesque, qui a eu l'heureuse fortune d'établir du jour au lendemain la réputation du compositeur Hervé.

Sans chercher à raconter cette inénarrable folie, constatons que la Direction des **Variétés** a entouré d'une mise en scène éblouissante la reprise de cette pièce qui est, à la fois, un véritable régal pour les yeux et pour les oreilles, car la musique en est toujours aussi fraîche, imprévue et gracieuse.

Nous pouvons ajouter que, suivant les bonnes traditions de la maison, l'interprétation est de premier ordre avec MM^mes Méaly, Gallois, Lavallière, Pernyn, et MM. Baron, Brasseur, Guy, Milher, etc.

〰〰〰 A signaler également le grand succès remporté, l'autre jour, à la **Scala**, par la nouvelle revue *Ohé! l'Amour*, de MM. Cellarius et Xanrof.

Gaie, pimpante, d'un tour tout à fait original, elle contient un grand nombre de scènes aussi comiques que spirituelles.

Quand nous aurons dit qu'elle a pour interprètes MM. Libert, Plébins, Baldy, et MM^mes Delly-Mô, Anna Held, Madeleine Guitty, etc., on comprendra que la revue *Ohé! l'Amour*, soit, sans contredit, un amour de revue.

27 avril 1896.

Hier, a eu lieu, à l'**Odéon**, la première représentation de *Deux Sœurs*, pièce en trois actes, de M. Jean Thorel, d'une très douce et très poétique saveur.

La scène se passe en Bretagne, au château de Kermoysan, en une compagnie élégante et mondaine où se noue un drame de famille d'une trame assez simple, dans une tonalité vertueuse et discrète, dont nous avons appris à nous désaccoutumer.

Deux Sœurs sont donc (chose assez rare) un spectacle de famille, où l'on peut, sans inconvénient, conduire sa fille et ses sœurs.

Il convient également de dire qu'aux mérites de l'œuvre s'ajoutent les attraits d'une excellente interprétation.

Mlle Rose Syma s'y montre véritablement supérieure dans le rôle de Marcelle, où elle apporte une nervosité captivante.

Mme Dux tient de son côté à merveille le personnage de la veuve raisonnable et aimante.

Les autres rôles sont fort bien joués par Mme Grumbach, MM. Cornaglia, Rousselle, etc.

29 avril 1896.

Nous regrettons d'être un peu en retard pour constater le très franc succès remporté, la semaine dernière, aux **Folies-Dramatiques**, par *La Falote*, une nouvelle opérette en trois actes, de MM. Liorat et Ordonneau, musique de M. Varney.

Cette partition est charmante, tout à fait réussie et variée. Quant au livret, il est vraiment gai et vivant, parfois passablement épicé.

Un de nos confrères, O'Divy, a résumé la pièce en disant que c'était une manière de *Dame Blanche* accommodée à la sauce piquante pour un théâtre folichon.

De fait, la Falote est le surnom donné à un spectre qui apparaît dans un splendide décor figurant le mont Saint-Michel et qui n'est autre qu'une baronne déguisée pour aller sans péril à ses rendez-vous amoureux.

Vous voyez que cette opérette présente un cachet mystérieux et fantastique, redevenu à la mode de nos jours. Quoi qu'il en soit, M. Peyrieux n'a sans doute pas fait un rêve si, en montant cette pièce avec un soin tout particulier, il a de loin entrevu la perspective de la *centième!*

L'interprétation, véritablement homogène, est excellente avec la jolie Mlle Cassive, MMmes Suzanne Elven et Jane Évané, MM. Périer, Hittemans, Baron fils, etc.

11 mai 1896.

L'Odéon vient de reprendre *Le Roman d'un jeune homme pauvre,* d'Octave Feuillet, l'un des chefs-d'œuvre du genre romanesque.

Bien que paraissant un peu démodé aujourd'hui, ce drame émouvant et sentimental n'aura pas de peine, croyons-nous, à obtenir tout le regain de succès qu'il mérite.

La pièce est, d'ailleurs, fort bien interprétée par

MM. Magnier, Lambert, Cornaglia, ainsi que par la jolie Wanda de Boncza, et MM^mes Grumbach, Wissocq, etc.

⌇⌇⌇Aux **Folies-Bergère**, M. Jean Lorrain vient de faire représenter un conte de poète, *L'Araignée d'or*, monté par M. Marchand avec un luxe inouï de mise en scène, pour lequel M. Diet a écrit une charmante partition et qui a fourni à Mme Liane de Pougy l'occasion d'une rentrée sensationnelle.

Il ne manquera sans doute pas d'amateurs ne demandant qu'à s'accrocher à ses toiles d'araignée !

16 mai 1896.

Le directeur du **Théâtre Mondain** poursuit le cours de ses expériences artistiques et littéraires, aussi variées qu'intéressantes.

Hier, nous étions conviés au nouveau Théâtre d'Auditions, fondé par Mlle Maguera. On y jouait notamment un acte en vers : *Fleur de lys*, de MM. Beauguitte et Bernède, qui a été vivement applaudi.

Demain, ce sera le Théâtre de l'Œuvre, un autre jour, celui des Poètes, etc.

L'extension croissante de ce que l'on est convenu d'appeler les spectacles « à côté » n'est pas l'une des manifestations les moins caractéristiques des tendances dramatiques de notre époque.

Il pourrait être curieux d'examiner cette singulière évolution dans ses origines et ses conséquences.

Les Poussières de la Rampe. 5

Mais l'espace nous manque pour tenter, même brièvement, l'étude de la question de l'art théâtral en l'envisageant sous ce nouvel aspect. Nous ne renonçons pas toutefois à la reprendre en une autre place, peut-être... *à côté !*

26 mai 1896.

Le théâtre de la **Tour Eiffel**, qui est passé cette année entre les mains d'une nouvelle direction, vient de faire sa réouverture, et, pour se montrer fidèle à la tradition, nous a donné une revue en deux actes, de MM. Caillavet et Franck, intitulée *Bête comme impôt*. Point bête, d'ailleurs, cette revue, à laquelle on pourrait plutôt reprocher de faire étalage d'esprit. Elle est, du reste, émaillée de gracieux couplets d'une fantaisie charmante.

L'interprétation est très agréable avec MM[lles] Gieter, Therval, Hugely, etc.

Le théâtre du **Carillon**, rue de la Tour-d'Auvergne, sans être situé aussi loin que la tour Eiffel, s'écarte un peu sans doute du centre parisien. Mais on ne regrette pas son déplacement alors qu'on a le plaisir d'assister aux joyeusetés de *L'Audience judiciaire*, composée par M. Courteline, dont le succès va toujours grandissant, et qui est bien l'un des spectacles les plus amusants qu'on puisse imaginer.

Il convient d'ajouter, sans forcer la note du Carillon, que la troupe de ce petit théâtre est de tous points excellente.

7 juin 1896.

Hier, a eu lieu, au **Gymnase**, la première représentation du *Bonheur des Dames*, la nouvelle pièce tirée du
célèbre roman de M. Zola, par MM. Hugot et de Saint-
Arroman.

On pourrait sans doute reprocher à cette comédie son
intrigue un peu faible et l'absence de relief de la plupart
de ses personnages.

Telle quelle, puisque bonheur il y a, nous devons
reconnaître que c'en est un, ma foi, que de voir se
dérouler, dans son cadre harmonieux et élégant, cette
pièce animée et amusante, remarquablement interprétée
par MM. Noblet, Dailly, Léraud, et MMmes Lecomte,
Sisos, Méry, Grassot, etc. (pourquoi n'avoir pas engagé
pour la circonstance Mlle Bonheur ?), ainsi que d'étudier
cette mise en scène d'une exactitude si curieusement suggestive.

Quelques tableaux, sans aller jusqu'à évoquer le souvenir de Rosa Bonheur, sont des modèles de goût pittoresque
et artistique.

Nous nous sommes laissé conter qu'on en avait pourtant supprimé un aux répétitions.

Au premier abord, cela semble plutôt regrettable. Mais
c'est encore une attention délicate de la part de la direction du théâtre du Gymnase qui, se considérant comme
obligée à commencer un peu tard, suivant l'habitude

nouvelle, son spectacle du *Bonheur des Dames*, n'en a pas moins compris qu'il était encore nécessaire de le terminer... *de bonne heure !*

7 août 1896.

M. Ducarre, le directeur du grand concert des **Ambassadeurs**, aux Champs-Élysées, vient de nous donner encore une revue d'été, *La Revue blanche*, de MM. Delormel et Numès (musique de M. Deronsart).

Peut-être les auteurs (qui sont gens de revue) avaient-ils précédemment fait représenter d'autres œuvres plus abondantes en saillies spirituelles.

Telle quelle, cette revue n'en est pas moins amusante. Elle est, en outre, très brillamment montée comme costumes et mise en scène, et, de plus, fort bien jouée par MM. Sulbac, Brunin, Plébins, Raiter, ainsi que par MM^{mes} Jane Mary, Deroy, Brissot, et surtout par la charmante Mlle Lise Fleuron, que M. Ducarre considère justement comme le plus beau fleuron de sa couronne.

Avec cela, on peut braver bien des critiques et se moquer du tiers et... *du quart !*

20 septembre 1896.

L'**Opéra-Comique** a fait, avant-hier, une brillante réouverture avec *Orphée,* cet admirable chef-d'œuvre de Gluck, qui a fourni à Mlle Delna l'occasion d'un véritable triomphe.

A signaler, tout particulièrement encore, MM^{lles} Laisné, Marignan et Tiphaine.

La mise en scène est toujours aussi grandiose que véritablement artistique.

M. Carvalho nous a offert également le spectacle de deux nouveaux escaliers conduisant à la salle dont la reconstruction avait été jugée nécessaire. C'est toujours cela, en attendant l'inauguration de la salle Favart, que notre ami M. Louis Bernier prépare avec toute l'activité possible, quoi qu'en aient dit les revues de fin d'année!...

 Hier soir, grand succès pour leur rentrée dans *Mignon* de M. Devriès, et de MM^{lles} Dubois et Leclerc.

7 octobre 1896.

Nous assistions hier à la réouverture du théâtre des **Menus Plaisirs**, avec *L'Enlèvement de la Toledad*, le succès non épuisé des Bouffes-Parisiens, que M. Grisier a eu l'idée de transporter sur la scène du boulevard de Strasbourg, dont il a aujourd'hui également la direction.

Cette pièce, où la musique élégante de M. Edmond Audran accompagne si gracieusement le livret fantaisiste et amusant de M. Fabrice Carré, a paru une fois de plus très favorablement goûtée par le public.

L'Enlèvement de la Toledad a pu, du reste, « enlever » d'autant mieux les suffrages des spectateurs, que cette opérette est fort bien interprétée par MM^{mes} Debriège et Rosine Maurel, ainsi que par l'excellent ténor Dambrine, si remarqué cette année au Casino de Vichy, etc.

14 octobre 1896.

La réouverture de l'**Odéon** — sous la nouvelle direction de notre confrère Ginisty et de M. Antoine — (qui est un véritable événement dans le monde des théâtres) a eu lieu hier avec *Le Capitaine Fracasse*, comédie *héroïque* en vers, en sept tableaux, de M. Émile Bergerat, tirée du célèbre roman de Théophile Gautier.

Avant le lever du rideau (un très joli rideau, ma foi, en velours rouge, s'ouvrant par le milieu, au lieu de remonter dans les frises, d'après le nouveau genre à la mode), on regarde, non sans quelque surprise, l'élégance, presque fin de siècle, des couloirs élégamment aménagés et ornés de tapis moelleux qui nous font aussitôt comprendre qu'une révolution s'est accomplie dans la maison, quoique les nouveaux directeurs gardent bien l'intention de demeurer, par intervalles au moins, fidèles aux traditions classiques !

Ajoutons que *Le Capitaine Fracasse* a été monté avec beaucoup de goût et un véritable luxe de mise en scène. A signaler particulièrement le tableau si pittoresque de la « rôtisserie du Pont-Neuf » qui fait l'effet d'une toile de Téniers ou de Gustave Doré qu'on aurait détachée de son cadre.

L'interprétation, fort nombreuse, est très bonne avec MM. Janvier, Albert Lambert, Cornaglia, Noël, Gémier, et MM^mes Mellot, Depoix, Piernold, etc.

Quant à la pièce, elle contient quelques passages dramatiques et surtout quantité de jolis vers, qui ne font pas oublier la prose étincelante de Théophile Gautier. De plus, l'émotion est souvent absente en cette série de tableaux où l'auteur ne suit parfois le mouvement du roman que d'une façon un peu confuse.

A côté de certaines scènes qui ont une véritable valeur artistique, quelques autres, il faut en convenir, laissent une impression assez obscure.

Donc, sans entrer dans le détail du drame, nous contenterons-nous de constater les qualités littéraires du poème.

A tout prendre, l'intrigue du *Capitaine Fracasse* ne vaut peut-être pas autrement qu'on cherche à s'en *fracasser...* la tête !

17 octobre 1896.

Hier, a eu lieu, à l'**Eldorado**, la première représentation de *La Reine des Reines*, opérette-bouffe en trois actes, de M. Flers, musique de M. Audran.

Sans prétendre, à ce que j'imagine, avoir réussi à composer la reine des opérettes, les auteurs peuvent honorablement se féliciter du succès de leur pièce, qui, avec son intrigue assez drôle et passablement fantaisiste, vaut certainement mieux que beaucoup d'autres du même genre.

La musique en est surtout élégante, facile et gracieuse ; es décors sont jolis, les costumes très brillants. L'interprétation est également bonne avec MM^{lles} Darty et Bonheur, qui détaillent à merveille quelques galants couplets, et MM. Théry, Regnard, etc.

〰〰〰 Demain doit avoir lieu la réouverture du charmant petit théâtre lyrique de la **Galerie Vivienne** par un spectacle très ingénieusement composé : trois opéras-comiques en un acte, d'auteurs anciens, Méhul, Duni et Clapisson, qui caractérisent, parait-il, d'une façon fort curieuse, trois époques de l'histoire de la musique en France.

Tous nos compliments sympathiques au directeur du Théâtre Vivienne, dont nous avons déjà eu l'occasion de constater les tendances artistiques qui méritent d'être encouragées.

20 octobre 1896.

Les théâtres « à côté » recommencent à faire parler d'eux. En cet ordre d'idées, il convient de signaler la réouverture du **Théâtre-Salon** de la rue Chaptal, dont l'inauguration avait eu lieu au printemps dernier, dans une salle luxueuse et coquette, où l'on a entrevu, dès le premier jour, une façon de concurrence à la Bodinière.

Le spectacle de début, pour cette saison d'hiver, comprend, ma foi, un spectacle fort attrayant, dont on ne peut que féliciter le directeur, M. Maurice Magnier, qui ne craint pas de présenter lui-même une série de ballades de sa composition, tableaux parisiens élégamment rimés, pourvus de titres éminemment suggestifs, qu'accompagnent d'amusantes et spirituelles pantomimes.

Mᵐᵉ Louise France a reproduit avec son talent habituel des personnages ultra-réalistes. Très joli également *Les Moustaches*, un acte légèrement pimenté, de M. Jean Germain.

Mais le clou de la soirée est surtout une fantaisie-revue, *Le Dossier 96*, de M. Delilia, on ne peut mieux interprété par Mᵐᵉ Emma Georges, MM. Pierre Achard et Bellot. Le défilé des actualités y est très réussi, et l'on peut aisément prévoir que *Le Dossier 96* aura au moins 96 représentations.

26 octobre 1896.

A la **Gaîté**, grand succès pour le nouvel opéra-comique, en quatre actes et cinq tableaux, *La Poupée*, de M. Maurice Ordonneau, musique de M. Audran. Celle-ci, sans être bien nouvelle, n'en a pas moins le mérite d'être fraîche, alerte et gracieuse, en très juste harmonie avec le livret, qui est plein de vivacité et d'entrain.

La mise en scène reflète le soin habituel qu'y apporte M. Debruyère. Le ballet, fort bien réglé, mérite une mention spéciale.

L'interprétation est remarquable avec Mˡˡᵉ Mariette Sully; très bonne également avec M. Fugère. A citer encore MM. Noël, Dacheux, la jolie Mˡˡᵉ Brandon, etc.

On pourrait peut-être assez avantageusement supprimer quelques longueurs et certaines grivoiseries, d'autant plus hors de saison que *La Poupée* attirera, sans nul doute, nombre de jeunes spectateurs et spectatrices.

Entendu précisément, à la sortie, ce propos sorti de la bouche d'une enfant de sept ou huit ans : « C'est beau tout de même, plus encore que mon journal : *La Poupée modèle !* »

3 novembre 1896.

Les **Folies-Dramatiques** donnaient hier la première représentation de *Rivoli*, opéra-comique à grand spectacle, de M. Burani, musique de M. Wormser.

Cette sorte d'opérette militaire, qui sert de prétexte à une aventure galante, d'un intérêt très suffisant, est relevée par une partition d'un cachet élégant, amoureux et bouffon, au cours de la première partie de la pièce, qui se hausse presque à la grande musique à partir du troisième acte.

La mise en scène et les costumes sont d'un bon goût et d'un luxe achevés.

L'interprétation ne mérite que des éloges avec M. Périer, dont la voix est toujours remarquablement sympathique; MM^{mes} Dumond, Leriche, et MM. Simon Max, Gardel, Vavasseur, etc. L'orchestre, fort bien conduit, a droit aussi à une mention spéciale.

M. Silvestre a eu, croyons-nous, une heureuse inspiration en montant ainsi cette pièce à l'allure patriotique, et l'accueil que lui a fait le public au cours de la première représentation permet d'augurer qu'il gagnera certainement sa bataille de Rivoli.

5 novembre 1896.

Le joli petit théâtre de **l'Athénée-Comique**, après s'être appelé pendant quelques années Comédie-Parisienne, vient de ressusciter avec son premier vocable, sous la direction de M. Jules Lerville, l'ex-directeur du Théâtre de la Renaissance, auquel nous souhaitons sympathiquement bonne chance dans cette élégante bonbonnière, si bien située en façade sur le nouveau square attenant à la rue Auber, à côté de l'Opéra.

L'ouverture s'en est faite avec *Madame l'Avocat*, comédie-vaudeville en trois actes, de MM. Ernest Depré et Galipaux, une pièce d'allure tout à fait bouffonne, mais qui ne manque pas d'esprit.

Si parfois elle est bien un peu incohérente, il n'en faut pas moins reconnaître qu'elle renferme quantité de scènes fort amusantes.

Ajoutons qu'elle est jouée dans un mouvement plein de verve et d'entrain par la troupe, qu'a su improviser M. Lerville, où brille avec éclat la belle Marianne Chassaing, qui s'y montre excellente artiste et que secondent on ne peut mieux MM^{mes} Frédérick, Berney, et MM. Matrat, Munié, etc.

Il n'est pas besoin d'être grand prophète pour prédire que *Madame l'Avocat* gagnera sûrement son procès à chaque soirée, pendant une longue série de représentations.

9 *novembre 1896.*

Hier, a eu lieu, au **Théâtre Cluny,** la première représentation du *Papa de Francine,* un grand vaudeville-opérette en trois actes, qui a obtenu un vif succès.

L'intrigue en est certes assez mince, mais les scènes spirituelles et amusantes y sont nombreuses, telles que les Canotiers à Asnières, la Rosière à Nanterre, les Cambrioleurs au Vésinet, etc.

Il convient d'ajouter que la partition contient plusieurs charmants motifs, que les décors sont jolis et les costumes somptueux.

L'interprétation du *Papa de Francine* est également très bonne avec Mlle Myriami Manuel, qui arrivera à avoir autant de voix que de beauté; MM^mes Lebey et Cuinet, et ces admirables fantaisistes de ce petit théâtre de la rive gauche, MM. Allart, Dorgat, Lureau, Hamilton, etc.

Serait-ce à cause de son titre? Quoi qu'il en soit, on peut dire de cette pièce qu'elle a eu une paternité fort étendue. Car, outre nos sympathiques confrères, MM. de Cottens et Gavault, comme auteurs du livret, elle a encore M. Varney comme papa pour la musique, et le bruit court que M. Chivot pourrait même prétendre à figurer en qualité de grand-papa; mais ce dernier, du moins, a préféré rester dans la coulisse.

11 novembre 1896.

Hier, nous étions conviés à entendre, aux **Variétés**, la première représentation du *Carillon*, opérette-féerie en quatre actes et dix tableaux, de MM. Blum et Ferrier, musique de M. Serpette.

De la pièce, on peut dire que c'est une sorte de conte détaché de nos vieux fabliaux et arrangé au goût du boulevard ! Par elle-même, l'intrigue ne vaut pas la peine d'être expliquée ; mais la partition a une allure vive et légère où se retrouve le talent aimable de M. Serpette qui s'affirme toujours d'une façon spéciale dans la musique de scène, marches triomphales, etc.

L'interprétation est surtout hors de pair avec MM. Baron, Brasseur, Guy, Milher, que complète une délicieuse figuration féminine représentée par MMmes Méaly, Legrand, Lavallière, Dieterle, Demarsy, etc.

L'incroyable richesse des costumes fait rêver d'une histoire des Mille et une Nuits, et la mise en scène est positivement éblouissante, On peut dire que, par leur éclat comme par leur bon goût, certains décors, en dépit des petites dimensions de ce théâtre, sont incomparables.

A signaler particulièrement l'intérieur d'une cour dans le style du palais des Doges à Venise, la Forêt des Oranges, avec ses brillantes transformations, et enfin, une vue de Venise prise du grand canal, où de l'eau, de l'eau vraie, envahit en un instant tout le plancher de la scène — de l'eau *de Seine* naturellement !

17 novembre 1896.

L'administration du **Châtelet** donnait hier la première représentation de *La Biche au Bois*, une vieille féerie, en quatre actes et trente tableaux, née, si je ne me trompe, deux ans avant moi, qui, après plusieurs réapparitions, nous revient encore en une édition revue, corrigée et considérablement augmentée, qui fait également honneur à MM. Cogniard frères, Blum et Toché.

Les décors y forment un défilé interminable et merveilleux, en partant du royaume des clochettes pour aboutir à une splendide apothéose. Les deux ballets sont très réussis, et quelques tableaux, notamment celui du cinématographe, sont véritablement sensationnels.

L'interprétation est excellente avec MM. Pougaud, Adam, Alexandre fils, ainsi que du côté de MM^{mes} Gibault, Théry, et surtout Mme Simon-Girard, qui porte à ravir le travesti et jette une note artistique et poétique dans toutes ces folies parfois un peu triviales.

Pour ce qui est de la pièce, inutile, n'est-ce pas, de vous parler autrement des aventures fantastiques du prince Saumon avec la princesse Désirée ?

En dehors du spectacle des yeux, *La Biche au Bois* contient d'ailleurs plusieurs scènes amusantes et quelques mots vraiment drôles. Alors, quoi... des mots de — Labiche ?

4 décembre 1896.

Hier, a eu lieu, à l'**Odéon**, la première représentation du *Danger*, comédie en trois actes, de notre confrère M. Arnault. Cette pièce, où l'auteur a fait preuve de rares facultés d'observation et d'analyse, et qui contient plusieurs scènes remarquables, est toutefois un peu inégale et manque d'expérience. On aperçoit bien successivement divers dangers, sans se rendre suffisamment compte de celui contre lequel l'auteur veut nous prémunir. Quoi qu'il en soit, il a certainement évité celui d'avoir écrit une pièce plate et banale, et il a déployé dans cette œuvre des qualités de style incontestables.

Mlle Thomsen est excellente dans l'un des principaux rôles. Compliments également à MM. Dieudonné, Rameau, Léon Noël, etc.

Le Danger était précédé d'un petit acte en vers, *Les Yeux clos*, de MM. Félix Régamey et Michel Carré, une japonaiserie du genre symbolique, dont les vers élégants et faciles ont été finement dits par Mlle Chapelas, MM. Monteux et Siblot.

Il était suivi d'une reprise de *La Révolte*, drame en un acte, en prose, de Villiers de l'Isle-Adam, d'une simplicité tout à fait poignante, supérieurement interprété par Mme Segond-Weber et M. Gémier.

⌇⌇⌇⌇ La **Comédie-Française** avait repris la veille *On ne badine pas avec l'amour*, une des plus gracieuses fantaisies d'Alfred de Musset, dans laquelle Mlle Wanda de Boncza, dont on attendait le début avec une sympathie curieuse, a réussi à se tailler un succès mérité en ce rôle difficile.

Le reste de l'interprétation a été remarquable avec M. Le Bargy; très bonne, également, avec Mlle Muller, MM. Leloir, Laugier, etc.

23 décembre 1896.

L'**Odéon** a célébré avec éclat le 257e anniversaire de la naissance de Racine, par une très intéressante représentation d'*Athalie*, avec les chœurs de Mendelssohn, comprenant plus de cent exécutants, dirigés d'une façon remarquable par M. Ed. Colonne. L'interprétation a été également excellente, grâce à Mme Tessandier, brillamment secondée par MM^{mes} Segond-Weber et Depoix, et MM. Albert Lambert, Monteux, Ravet, etc.

Un gracieux poème de François Fabié, *La Muse à Racine*, dit à ravir par Mme Segond-Weber, a été, de plus, justement applaudi.

A signaler, à la **Comédie-Française**, la prise de possession, par MM. Coquelin cadet, du principal rôle dans *Le Gendre de M. Poirier*, créé jadis au Gymnase, par le célèbre comédien Lesueur, et repris depuis aux Français, par Got et Lenoir.

M. Coquelin cadet, avec son talent si personnel et sa conception si intelligente de tous ses rôles, a réussi à donner, hier, à celui de M. Poirier une physionomie des plus caractéristiques et des plus heureuses.

C'est un peu, si vous voulez, une nouvelle espèce de poirier — mais qui portera des fruits !

25 décembre 1896.

Hier, a eu lieu, au théâtre des **Variétés,** la première représentation du *Truc de Séraphin,* un joyeux vaudeville en trois actes, de MM. Maurice Desvallières et Antony Mars, qui n'est pas sans rappeler agréablement *L'Hôtel du Libre-Échange,* de fantastique mémoire.

Cette bouffonnerie, un peu gros sel par intervalles, est, en somme, aussi amusante qu'animée, et émaillée de certains traits d'esprit et de quelques situations scéniques d'un comique irrésistible.

L'interprétation, confiée à MM. Baron, Brasseur, Milher, Guy, Petit, Simon, et à MMmes Mathilde, Angèle, Demarsy, Legrand, etc., ajoute beaucoup à l'attrait de ce spectacle, qui appartient essentiellement au genre bon enfant, sans autres prétentions littéraires.

Les heureux auteurs de cette nouvelle pièce ont surtout pour principe de viser au succès, et, une fois de plus, aujourd'hui, ils ont eu le *truc* d'y atteindre !

3 janvier 1897.

A l'**Opéra-Comique,** M. Herman Devriès a joué pour la première fois, l'autre jour, le rôle de Max, dans *Le Chalet.* Le très distingué pensionnaire de M. Carvalho y a remporté un brillant succès qui n'étonnera pas les Bordelais.

~~~~~~ Le théâtre de la **Galerie Vivienne,** qui continue

la série de ses restitutions intéressantes, vient de reprendre *Le Devin de village*, de J.-J. Rousseau, une petite œuvre charmante, d'une très curieuse inspiration.

〜〜〜〜 Depuis quelques jours, le **Théâtre Déjazet** donne une amusante revue en deux actes, de MM. Jules Oudot et Degoué, musique de M. Duval.

Les couplets, légers et spirituels, y abondent, fort bien dits par Mlle Diéterle, une transfuge des Variétés, agréablement secondée sur la scène du boulevard du Temple par MM^{mes} Hamard, Lacombe, de Milac, Derbelle, et MM. Jorge, Kéruy, Roux, etc.

On sait que le Théâtre Déjazet a remis en pratique, depuis quelque temps, une ingénieuse combinaison de billets à *demi-tarif*, par abonnement ; mais cette nouvelle pièce témoigne qu'il ne se contente pas de *demi-succès!*

5 janvier 1897.

Nous assistions hier, au théâtre de l'**Athénée-Comique**, à la première représentation de *Paris sur scène*, revue à grand spectacle, en trois actes et huit tableaux, dont un prologue, due à la collaboration de MM. Montréal et Blondeau, deux professionnels de marque dans un art aimable qui n'est pas sans mérite.

Cette revue, taillée encore une fois sur le moule en usage, continue à être dans la bonne tradition. Mais pourquoi des *revuistes* qui cultivent si bien la fantaisie et la blague ne se haussent-ils pas davantage jusqu'à la véritable satire ? Il faut croire que l'on ne peut pas ou que l'on n'ose pas toujours...

De fait, le défilé des principaux événements de l'année y est aussi complet que possible, et la mise en scène, très brillante, comprenant plusieurs transformations et une apothéose, fait vraiment honneur à M. Derville, qui a réussi à tirer un parti merveilleux de son petit théâtre si coquet.

Mlle Sidley est une commère des plus talentueuses, fort bien secondée par MMmes Alice Bonheur, Frédérick, Marie Aubert, etc., successivement charmantes dans leurs différentes incarnations.

Le compère, M. Alexandre, nous a paru manquer un peu d'entrain; mais MM. Matrat, Modot, Tréville et Baron fils jouent le plus gaiement et le plus spirituellement du monde.

Les auteurs de la revue n'ont eu garde d'oublier le terrible ouragan qui a sévi l'an dernier sur Paris, lequel fournit au cours de la pièce, à une demi-douzaine d'acrobates fort habiles, les Bertrand, l'occasion d'une pantomime orageuse des plus animées. Par moment, ma parole, on pourrait presque se croire... à la Chambre !

1er février 1897.

La **Comédie-Française** donnait, hier, la première représentation, assez impatiemment attendue, d'un proverbe en deux parties, de M. Édouard Pailleron, *Mieux vaut douceur — et violence.*

Sous ce titre quelque peu énigmatique, l'auteur du

Monde où l'on s'ennuie nous a donné un spectacle tout de finesse et de bon goût, où certes on ne s'ennuie pas.

Sans doute cette bluette un peu simple, malgré sa forme double, ne saurait avoir la prétention de s'élever à la hauteur de la grande comédie ; mais dans ce genre particulier, qui a son charme, il serait difficile d'imaginer un plus spirituel et gracieux badinage.

L'acte de la douceur nous a semblé mieux réussi que celui de la violence ; mais l'un et l'autre méritent d'être loués également pour leur attrait sympathique et pour leur interprétation irréprochable, avec MM^mes Reichemberg, Brandès, Marsy, et MM. Berr, De Féraudy et Le Bargy.

～～～ Le **Théâtre-Salon,** de la rue Chaptal, vient de renouveler son affiche par une petite pièce amusante, de MM. Froget et Colias, musique de M. Marcelles.

Cette fantaisie ingénieuse est joyeusement enlevée par MM. Dubosc et Munier, lesquels encadrent fort bien la charmante Mlle Prelly et plusieurs autres jolies femmes, qui ont tout ce qu'il faut pour bien jouer la comédie... de salon !

8 février 1897.

Vendredi, a eu lieu, au théâtre de la **Gaîté,** la première représentation (reprise) de *La Mascolle,* qui est peut-être le chef-d'œuvre du musicien Audran.

Or, voici que cette gracieuse opérette est devenue, sous la main habile de M. Debruyère, un véritable opéra-comique, avec mise en scène brillante, décors somptueux, pantomime et défilé éblouissants.

Très bonne interprétation également de M. Fugère, toujours aussi excellent artiste, fort bien secondé d'ailleurs par MM. Lucien Noël, Soums, Paul Bert, et MM^{mes} Cocyte et Deberio.

A signaler particulièrement, au second acte, un grand ballet, réglé avec un goût parfait par Mme Mariquita, où se meuvent de la façon la plus originale et la plus gracieuse des essaims de personnages appartenant à la comédie italienne, polichinelles et arlequins, et, au quatrième acte, un divertissement militaire des mieux réussis.

La direction de la Gaîté nous paraît pouvoir compter sur un long succès. Et d'ailleurs le titre de la pièce n'est-il pas toujours un « porte-veine » ?

11 février 1897.

Lundi, à l'**Opéra-Comique**, première représentation de *Kermaria*, idylle lyrique en trois épisodes, précédés d'un prologue, poème de M. G. Gheusi, musique de M. Camille Erlanger. Cette œuvre, qui manque un peu d'action dramatique, n'en est pas moins curieuse et attachante, vu sa conception pittoresque et mystique. Elle est d'ailleurs rehaussée par une mise en scène brillante et du meilleur goût.

Le principal rôle est tenu par une débutante, Mlle Julia Guiraudon, une délicieuse Bordelaise, particulièrement remarquée, l'an dernier, au concours du Conservatoire, dont la belle voix et le joli visage n'ont pas eu de peine à conquérir toutes les sympathies du public.

Elle est, d'ailleurs, fort bien secondée par Mlle Charlotte Wyns, ainsi que par MM. Jérôme, Bouvet, Mondaut et Belhomme.

A signaler également un très gracieux ballet de lutins et de Korrigans.

L'orchestre de M. Danbé s'est montré une fois de plus admirable, et les chœurs dirigés par M. Carré ne méritent que des éloges.

~~~~ Nous ne ferons qu'indiquer ici, par ouï-dire, le succès de *Spiritisme*, la nouvelle comédie de M. Victorien Sardou, la direction de la **Renaissance** n'ayant encore adressé aucune convocation au critique du *Nouvelliste de Bordeaux*, comptant peut-être que, pour parler de *Spiritisme*, il lui serait aisé d'avoir une seconde vue !

13 février 1897.

Les **Folies-Dramatiques** nous conviaient mercredi à la première représentation de *L'Auberge du Tohu-Bohu*, vaudeville-opérette en trois actes, de M. Ordonneau, musique de M. Roger.

Le livret, d'une gaieté quelque peu excentrique et turbulente, contient une suite de péripéties vraiment inénarrables, mais fort amusantes.

La partition n'est peut-être pas d'un goût très original, mais elle est en somme charmante d'un bout à l'autre.

Mlle Jane Pierny s'y montre agréable chanteuse et comédienne accomplie.

M. Jean Périer s'y affirme une fois de plus comme un artiste de premier ordre.

A signaler également M. Simon-Max, tout à fait remarquable dans un rôle de charlatan ; MMmes Mary Bréan et Rolland, ainsi que MM. Gardel, Landrin, Levasseur, etc.

J'en citerais d'autres encore, mais ils sont trop — dans ce tohu-bohu !

18 février 1897.

Lundi, a eu lieu, à la **Comédie-Française**, la première représentation de *La Loi de l'homme*, une nouvelle comédie, en trois actes, de M. Paul Hervieu, qui se recommande à la fois par une grande vigueur de pensées et par d'éminentes qualités de style.

Tout au plus pourrait-on reprocher au dénouement d'être amené d'une façon un peu brusque.

On peut, d'ailleurs, prédire un vif succès à cette œuvre vraiment émouvante et dramatique, qui contient en même temps quelques scènes d'une remarquable délicatesse.

L'interprétation atteint presque la perfection avec MM. Leloir, Le Bargy, Laugier, Delaunay, et MMmes Bartet, Muller, Du Minil, Wanda de Boncza.

~~~~ Très brillante réouverture, au théâtre de l'**Eldorado**, avec *Kif-kif Revue*, trois actes et douze tableaux, de

M. Alfred Delilia, qui, comprenant qu'il était sans doute
un peu tard pour rééditer la plupart des plaisanteries déjà
connues sur les événements de l'an dernier, s'est surtout
attaché à trouver prétexte à une mise en scène vraiment
exquise, rehaussée par un ballet original et des exhibitions
somptueuses de costumes plus ou moins suggestifs.

La pièce est très bien jouée par M. Regnard, un compère plein d'esprit et de rondeur, Mme Nicole Bernard,
une aimable commère, Mme Tariol-Raugé, qui chante
avec beaucoup de goût, Mlle Staccione, de la Scala de
Milan, d'une agilité merveilleuse, etc.

19 février 1897.

Mardi, au théâtre de l'**Odéon**, première représentation du *Chemineau*, drame en cinq actes et en vers,
de M. Jean Richepin, qui a valu au poète une ova-
tion enthousiaste de la part du public.

La très complète réussite de cette œuvre, imprégnée
d'un véritable souffle lyrique, nous réjouit également
pour M. Ginisty, lequel pourra ainsi fermer très heureusement la bouche à certains détracteurs de sa nouvelle
direction, qui nous ont toujours paru inconscients ou
injustes.

Ce drame, d'une affabulation simple et touchante, est
écrit en vers élégants et harmonieux, et l'on serait tenté
de dire que c'est presque un tour de force de l'auteur
que d'avoir réussi, en une sorte de paysannerie rustique,
à mettre le bel alexandrin poétique dans la bouche des

paysans et des miséreux sans que personne songe à en être choqué.

Joignez à cette hardiesse heureuse une action dramatique en certaines parties très empoignantes et une mise en scène irréprochable.

A noter encore que la troupe de l'Odéon s'est positivement surpassée dans l'interprétation de ce poème : M. Decori, qui a composé le personnage du Chemineau avec une originalité exquise, M. Chelles, qui donne à son rôle un relief saisissant, MM. Janvier, Prince, et MMᵐᵉˢ Segond-Weber, Archaimbaud et Meuris méritent d'unanimes éloges.

Avec de pareils éléments, nul doute, n'est-ce pas, qu'on s'a*Chemineau* succès !

21 février 1897.

Décidément, la semaine est bonne. Encore un succès hier soir, au théâtre des **Variétés**, où l'on donnait la première représentation du *Pompier de service*, pièce en quatre actes et six tableaux, de MM. de Cottens et Gavault, musique de M. Varney.

Cette sorte de bouffonnerie, qui tient à la fois du vaudeville et de l'opérette, est pleine de scènes humoristiques et spirituelles, et de tableaux amusants, légèrement pimentés.

La partition, d'allure vive et légère, contient quelques morceaux délicieux.

La mise en scène fait, comme toujours, honneur au goût distingué de M. Samuel.

L'ensemble de l'interprétation témoigne une fois de plus d'une cohésion parfaite. Le vide qu'a laissé ce cher Baron se trouve très heureusement comblé par l'excellent Dailly. A signaler encore M. Brasseur, d'un comique irrésistible, et MM. Milher, Guy, Petit, Simon, ainsi que MM^mes Méaly, Germaine Gallois, Lavallière, Diéterle, etc., une vraie phalange de jolies femmes...

En regardant toutes les lorgnettes braquées sur ces ravissants minois, projetant tant de feux dans la salle, jamais nous n'avons mieux compris de quelle utilité pouvait être, dans ce coquet théâtre des Variétés, le « service d'un pompier ! »

28 février 1897.

Le théâtre du **Palais-Royal** a donné jeudi la première représentation du *Terre-Neuve*, comédie en trois actes, de MM. Bisson et Hennequin.

Sans être d'un comique par trop outrancier, cette pièce, avec ce titre légèrement symbolique approprié au goût du jour, contient quelques traits qui appartiendraient presque à la fine comédie.

Plutôt bouffonne d'ailleurs, dans son ensemble, très gaie et spirituelle, elle est, de plus, parfaitement interprétée par MM. Raymond, Godin, Dubosc, Francès, et MM^mes Cheirel, Franck-Mell, Lavigne, toujours d'une fantaisie étourdissante.

Toutes nos sincères félicitations aux aimables auteurs

ainsi qu'aux sympathiques directeurs du Palais-Royal, pour la réussite de cette joyeuse comédie, qui fera certainement de grosses recettes, d'autant plus, n'est-ce pas, qu'un terre-neuve... *ça rapporte!*

21 mars 1897.

Mercredi, au **Gymnase**, nous assistions à la première représentation de *La Carrière*, comédie en quatre actes, de M. Abel Hermant.

On y retrouve toutes les qualités d'observation et de délicatesse qui distinguaient déjà l'œuvre attachante que l'auteur avait fait paraître précédemment en volume.

Une comédie de ce genre vaut naturellement surtout par les détails, par l'esprit du dialogue, par la finesse des réparties. Néanmoins, l'intérêt dramatique s'y affirme également d'une façon très heureuse en plusieurs scènes.

L'interprétation est de premier ordre avec MM. Huguenet, Noblet, Galipaux, Leraud, et MM^mes Leconte, Daynes-Grassot, etc.

Dans ces conditions, nul doute que la nouvelle pièce de M. Hermant ne soit destinée à fournir, comme son titre l'y porte, une brillante carrière !

14 avril 1897.

C'était lundi, au théâtre lyrique de la **Galerie Vivienne**, première représentation de la reprise de *La Fée aux roses*, d'Halévy, qui fut jadis à l'Opéra-Comique un des triomphes de Mme Ugalde.

En cette sorte de théâtre miniature, la pièce fait encore

très heureuse figure, grâce à une interprétation agréablement artistique, à une mise en scène vraiment soignée, et au charme d'une partition où abondent les motifs élégants et les inspirations gracieuses.

〜〜〜 L'**Olympia** vient de reprendre, avec la charmante Mᶫᶫᵉ Micheline, *La Grand Via*, qui est toujours la grande voie du succès !

26 *avril 1897.*

Depuis quelques jours, le **Théâtre-Salon** (ancien atelier de Rochegrosse), par suite d'un nouvel avatar, a pris le nom de Grand-Guignol, sous la direction de notre confrère M. Ludo.

Le spectacle d'ouverture commence par un prologue en vers de M. Hugues Delorme, fort bien dit par Mᶫᶫᵉ Frédérick, et se continue dans une note très curieusement réaliste et artistique, par diverses petites pièces de MM. Méténier, Lorrain et Courteline.

A signaler surtout, dans la troisième partie, *Mademoiselle Fifi*, drame en un acte, tiré de la nouvelle de Guy de Maupassant, par M. Oscar Méténier, qui contient quelques scènes empreintes d'un patriotisme pathétique, et dont l'interprétation fait honneur à MM. Homerville, Franck, Dujeu, et MMᵐᵉˢ France, Fleury, etc.

〜〜〜 Le joli petit théâtre d'application la **Bodinière**, que je suis toujours tenté d'appeler la bonbonnière, où M. Bodinier groupe d'une façon si aimable tant d'auteurs et

d'artistes de talent, mérite peut-être en ce moment des
éloges tout particuliers.

Au tableau, pour jusqu'à la fin du mois, *Ni r'vue ni con-
nue*, une spirituelle fantaisie de M. Lamacoïs, excellemment jouée par Mlle Marguerite Deval, MM. Tarride et
Prince, *Paris-gala*, de MM. Elhein et Jean Mendrot, des
conférences de MM. Georges Vanor, Maurice Lefèvre,
etc., et l'audition d'une nouvelle série de chansons
d'aïeules, par Mme Amel, de la Comédie-Française,
accompagnées de morceaux de musique du XVIIe et du
XVIIIe siècles, en attendant la première représentation de
Dégénérés, pièce en trois actes, de M. Michel Provins,
dont M. Candé et la charmante Mlle Rose Syma seront les
principaux interprètes.

17 mai 1897.

Vendredi, a eu lieu, à la **Comédie-Française**, la
première représentation de *Frédégonde*, drame en cinq
actes et six tableaux, en vers, de M. Alfred Dubout.

En montant, avec un luxe magnifique de mise en scène,
cette tragédie grandiose, il faut reconnaître que notre
première scène dramatique, qu'on accuse parfois de se
moderniser un peu trop, est rentrée aujourd'hui dans la
tradition d'une façon très heureuse.

Cette œuvre remarquable, de large et noble allure, est
interprétée avec beaucoup de talent par les deux frères
Mounet, par M. Lambert, dont il est à regretter que le
rôle soit si court, MM^{mes} Dudlay, Bertigny, et MM. Leloir, Laugier, etc.

〜〜〜 Jeudi l'on donnait, à la **Scala**, la première représentation d'une nouvelle revue, *Paris démoli*, de MM. Chauvin et Fursy.

Encore une revue saisonnière, dont la principale particularité est qu'on y voit deux compères, MM. Claudius et Baldy, tous deux pleins de verve et d'entrain. Par contre, cette revue n'a pas de commère, mais comme airs et chansons elle en a plusieurs fort réussis, sans parler des décors et des costumes d'une élégance parfaite.

18 mai 1897.

Le **Théâtre Marigny**, aux Champs-Élysées, fermé depuis si longtemps, a fait samedi une éclatante réouverture avec la nouvelle direction de MM. Borney et Desprez, qui, pour ce brillant début, ont récolté d'unanimes éloges.

Il n'y avait qu'une voix pour dire que le Jardin de Paris, dont beaucoup de Parisiens regrettaient, cette année, la disparition, se trouvait, du coup, fort avantageusement remplacé par cette sorte de music-hall élégant, garni de loges spacieuses et entouré de riches promenoirs, que complète une magnifique terrasse.

Beaucoup de choses également à signaler au programme d'inauguration, très bigarré : une naine, un ventriloque, une danseuse excentrique fort originale, etc., et surtout *Le Chevalier aux fleurs*, un ballet-pantomime à grand spectacle, en douze tableaux, de M. Armand

Silvestre, musique de MM. André Messager et Raoul Pugno.

Ce ballet, d'une grâce exquise, où scintillent je ne sais combien d'étoiles, est évidemment un clou merveilleux auquel le nouveau théâtre Marigny nous fait l'effet d'avoir réussi, dès le premier jour, à accrocher le succès.

22 mai 1897.

Lundi, à l'**Opéra-Comique**, première représentation du *Vaisseau-Fantôme*, opéra en trois actes, poème et musique de Richard Wagner (traduction française de Nuitter).

Grand succès pour Mme Marcy, MM. Bouvet, Belhomme et Jérôme.

A signaler également la belle mise en scène, les chœurs qui se sont montrés excellents, et surtout l'exécution magistrale, par l'orchestre de M. Danbé, de toute la partie symphonique de l'œuvre, à commencer par l'ouverture, qui est bien la plus admirable préface instrumentale qu'on puisse imaginer.

Et maintenant, tous nos meilleurs vœux pour que le vaisseau-fantôme navigue longtemps sur la *Seine...* de l'Opéra-Comique !

1er juin 1897.

Samedi a eu lieu la réouverture du théâtre de la **Tour Eiffel**, qui comprenait la première représentation de deux petits actes d'actualité, de M. Caillavet, *Noblesse oblige,* où Mlle Caumont, du Palais-Royal, apparaît en ravissante clownesse, comme le *clou* de la pièce (contenant d'ailleurs plusieurs couplets agréablement tournés et une série de quiproquos parfois fort drôles), et *Tour à Tour*, une sorte de revue ou de défilé d'actualité qui se passe chez Mlle de Saint-Cassis.

La charmante Mlle Djira, des Bouffes-Parisiens, y chante d'une façon très agréable, on ne peut mieux secondée par Mlle Caumont (déjà nommée), et par MM. Worms, Volnys et Levesque, fort amusants dans leurs diverses transformations.

Avis rassurant. — Notre confrère M. Henri Second, qui n'en est pas moins un de nos premiers critiques, a spirituellement fait observer qu'au théâtre de la Tour Eiffel on a la satisfaction de penser qu'il n'y a guère d'incendie à redouter, puisque tout y est en fer, sauf le rideau qui est en velours, — tout comme les yeux de Mme X... alors ?

10 juillet 1897.

L'été est la saison triomphante pour les music-halls et les cafés-concerts.

A l'**Olympia**, toujours même affluence. Une nouvelle opérette estivale, *Le Déjeuner sur l'herbe*, où une élégante danseuse, Mlle Cammarano, tient le principal rôle, a obtenu un véritable succès que complètent *Le Coucher de la Mariée*, avec la jolie Mlle Petit; *The flover Ballet*; les danseurs excentriques, etc.

Au **Théâtre Marigny**, plus que jamais en vogue aux Champs-Élysées, l'étincelant ballet en deux actes, *Le Chevalier aux fleurs*, fait salle comble chaque soir.

Le programme comprend encore un bien curieux ventriloque, M. Niobel, un intermède de chants et de danses hongrois, le célèbre chansonnier Jules Moy dans ses œuvres, etc.

Et, comme supplément d'attraction, on annonce pour demain le début de la charmante divette Polaire.

Nul doute que la chambrée ne soit particulièrement brillante ce soir-là à Marigny.

Et moi-même, retour du Congrès de Stockholm (au pays du soleil de minuit), je m'en voudrais de ne pas venir admirer cette étoile — polaire !

18 juillet 1897.

Les attractions sensationnelles ne font pas défaut à **l'Olympia**, même pendant la saison estivale.

Depuis hier, l'aimable directeur de ce théâtre, M. de Lagoanère, offre au public une nouveauté vraiment curieuse.

Mitzi-Chromos, tel est le nom de ce numéro extraordinaire, où l'on voit, par je ne sais quel ingénieux mécanisme, une femme aux formes sculpturales passer dans la pénombre par une série de transformations gracieuses, présentant l'apparence d'un véritable kaléidoscope.

~~~ Le théâtre de la **Tour Eiffel** a changé de programme depuis quelques jours, et joue en ce moment une amusante petite revue, *Paris à vol d'oiseau*, de MM. Jules Oudot et Henry de Gorsse.

En ce défilé des toutes dernières actualités, nous avons

remarqué plusieurs scènes pleines d'animation et d'entrain : les académiciens-jockeys et veneurs, les femmes cent-kilotes, Tamagno, la Duse et beaucoup d'autres encore.

A signaler particulièrement la charmante commère, Jane Debary, sans oublier M. Sparck, un excellent diseur, MM. Worms, Levesque, etc.

Nous regrettons de ne pouvoir citer tous les mots d'esprit de cette revue que nous avons saisis à vol... d'oiseau !

22 juillet 1897.

La **Comédie-Française** donnait samedi la première représentation de *La Vassale*, comédie en quatre actes, de M. Jules Case, un de nos romanciers psychologues les plus à la mode. Nouveau venu au théâtre, M. Case nous semble appelé à y conquérir une place distinguée. A en juger par sa première pièce, cet auteur procède un peu de la manière d'Hervieu — en plus jeune ! Sa touche est peut-être moins ferme et d'un contour plus délicat ; mais on y retrouve incontestablement le procédé du maître.

A vrai dire, nous aurions toujours bien quelques reproches à faire à cette école dont la tendance à écrire ce qu'on est convenu d'appeler des pièces à thèse n'est pas sans avoir plus d'un côté fâcheux.

Quoi qu'il en soit, la pièce de M. Case, empreinte de sentiments variés de pitié, de tendresse et d'audace, synthétise avec talent la révolte d'une femme qui ne trouve pas dans le mariage l'amour qu'elle a rêvé. C'est, en tous cas, une œuvre intéressante et de réelle valeur.

M. Duflos et Mlle Brandès y jouent avec autorité les deux rôles principaux. Compliments encore à MM^mes Du Minil et Pierson, excellentes dans des personnages de second plan, ainsi qu'à MM. Baillet, Worms, etc.

Puisse *La Vassale* grouper longtemps les bravos des spectateurs de la maison de Molière qui, sur le terrain de l'art dramatique, sont toujours les véritables suzerains.

La soirée se termine par une petite comédie, genre bouffe, de M. Truffier, *Les Deux Palémon*, très lestement enlevée par M. Georges Berr, Mlle Moreno, etc.

7 août 1897.

Samedi, nous assistions, au nouveau **Théâtre Marigny**, si frais et si gai de lumières, à la première représentation de *Paris-fumiste*, une joyeuse fantaisie-revue en quatre tableaux et un prologue, de MM. Adrien Vely et Alévy, musique de M. Henry José.

Très amusant et spirituel le défilé des actualités d'hier et d'avant-hier : les rayons X, le fameux tramway des Champs-Élysées, le « Voyage interrompu » de MM. les Délégués de la commission d'enquête, etc.

L'interprétation est des meilleures, avec le compère, qui n'est autre que l'excellent comédien du Vaudeville, Gauthier, presque trop fin pour un pareil rôle, et la commère, Mlle Mariette Sully, la si charmante créatrice de *La*

Poupée au théâtre de la Gaîté, sans oublier M. Regnard, un comique de si bon aloi, MM^{lles} Dollet, du Gymnase, Léonie Laporte, etc.

Ajoutons que les décors et les costumes sont tout à fait élégants et soignés.

Et nous croyons que ce n'est pas une fumisterie de dire que *Paris-fumiste* sera un vrai succès !

5 septembre 1897.

Jeudi, à **Cluny**, première représentation du *Pigeon*, comédie bouffe en quatre actes, de MM. René Degas, Jean Hesse et Bercoy, laquelle a été l'occasion d'un nouveau triomphe pour l'excellente troupe de ce joyeux théâtre, qui offre toujours un ensemble si homogène et si complet.

A signaler particulièrement, pour son jeu remarquable, M. Véret, si bien secondé d'ailleurs par MM. Dorgat, Lureau, Muffat, Hamilton, et MM^{mes} Emma Bonnet, Cuinet, Dorville, etc.

Quant à la pièce, à laquelle on pourrait seulement reprocher son canevas un peu compliqué, il est juste surtout de reconnaître qu'en dépit de quelques terribles invraisemblances elle est d'un bout à l'autre d'un entrain endiablé et d'une gaieté étourdissante.

Le Pigeon n'est pas ici, comme on pourrait être tenté de le croire, un titre symbolique, et l'intrigue repose bien sur un pigeon voyageur, qui tient ici le premier rôle.

A ce propos, avez-vous remarqué que les pièces portant des noms d'animaux, telles que *Le Dindon*, *La Tortue*, *Les Corbeaux*, ont eu généralement, je ne sais pourquoi, la chance de trouver auprès du public un accueil très favorable ?

Cette fois encore, le succès nous paraît devoir pleinement répondre aux espérances qu'ont pu en concevoir les auteurs.

Et, dès la première, il nous a semblé que ce *Pigeon* allait prendre son vol vers la centième

24 septembre 1897.

Le **Nouveau Cirque** de la rue Saint-Honoré vient de faire une brillante réouverture, sous la direction de M. Houcke, qui, naguère, avait fait ses preuves d'habile manager à l'établissement de l'Hippodrome.

La première représentation lui a gagné, sans conteste, les sympathies du public, unanime à constater la variété et l'originalité du spectacle. De nouveaux changements de programme sont déjà annoncés comme très prochains ; mais, dès à présent, il y a lieu de signaler le succès justifié de la plupart des numéros.

A relever, parmi les attractions les plus sensationnelles : les exercices des quatre chevaux sauteurs, véritablement merveilleux ; Mlle Lolo Schumann, aussi bonne écuyère que jolie femme ; l'inimitable duo des fantaisistes Footitt et Chocolat, etc., et, pour finir, l'inénarrable bouffonnerie nautique des Cent-Kilos.

~~~~~ Mentionnons également la réouverture du théâtre du **Palais-Royal**, avec *Le Portefeuille*, comédie en trois actes, de MM. Blum et Toché. Cette pièce, tout à fait drôle, est on ne peut mieux interprétée par MM. Gobin, d'une gaieté toujours si communicative, Maugé, Dubosc, Violette, sans oublier du côté des dames, quoique leurs rôles soient plus effacés, MM^{mes} Cheirel, Frémold, Franck-Mels, etc.

Il convient de noter que cette joyeuse comédie du *Portefeuille* avait déjà été jouée, il y a quelques années, au théâtre du Vaudeville, où elle avait fort bien réussi sous le titre de *Monsieur Coulisset*.

Les auteurs ont tenu pourtant à y introduire quelques modifications. Histoire toujours d'amuser le public — comme quand on renverse un cabinet — un simple changement de portefeuille, quoi !

13 septembre 1897.

Jeudi, a eu lieu, à la **Comédie-Française**, la première représentation de *La Vie de Bohême*, comédie en cinq actes, d'Henri Murger et Théodore Barrière, déjà vieille de cinquante années, et que bien des personnes se sont montrées un peu surprise de voir notre première scène dramatique admettre ainsi à son répertoire.

Cette pièce, qui a eu pourtant, jadis, une si grande vogue, a toujours plutôt péché par une certaine contexture un peu naïve.

Telle quelle, c'est assurément une restitution curieuse d'une époque totalement disparue, que la Comédie nous a donnée l'autre soir, avec une exactitude de mise en scène et une fidélité de costumes d'un intérêt tout particulier.

Et cette évocation de types quasi-légendaires, remplacés quelque peu aujourd'hui par les « fins de siècle » et les « rastaquouères », offre, sans contredit, aux esprits délicats l'occasion d'une étude comparative qui n'est pas sans quelque saveur étrange.

L'interprétation est, dans l'ensemble, excellente et a fourni notamment à Mlle Marie Leconte, dans le rôle le plus important de Mimi, l'occasion d'un début tout à fait remarquable.

Il convient de louer également sans réserve M. Albert Lambert, qui a réussi à s'incarner très heureusement dans le personnage difficile de Rodolphe, ainsi que M. Coquelin cadet, d'une fantaisie délicieuse, en domestique philosophe et lettré, sans oublier MM. De Féraudy, Berr, Truffier, MM^{lles} Rachel Boyer, Ludwig, etc.

2 octobre 1897.

L'**Odéon** a fait, hier, sa réouverture avec trois pièces nouvelles.

La première, *Alcyone*, un acte en vers, de M. Guérin, est une sorte de fable mythologique un peu confuse et inégale, mais contenant sans contredit de jolis vers.

La seconde, *Les Menottes*, comédie en trois actes, de

M. Beaubourg, d'allure un peu symbolique, destinée évidemment à être la pièce... de résistance de la soirée.

Elle a été fort bien interprétée par Mme Segond-Weber et MM. Philippe Garnier, Rameau, etc.

La troisième, *L'Équilibre*, comédie en deux actes, de M. Pierre Soulaine, de genre plutôt fantaisiste, et reposant sur un imbroglio léger et spirituel, très bien jouée par Mlle Marianne Chassaing, M. Coste, etc., etc.

Des trois pièces d'hier au soir, gageons que c'est la dernière qui se tiendra le plus longtemps sur l'affiche... *en équilibre.*

4 octobre 1897.

Mardi, a eu lieu, aux **Folies-Dramatiques**, la première représentation de *Mam'zelle Nitouche*, cette agréable comédie-opérette, de Henri Meilhac et Albert Millaud, musique d'Hervé, qui, en émigrant du boulevard Montmartre au boulevard Saint-Martin, n'a rien perdu de son éclat et de sa fraîcheur.

La pièce n'a pas vieilli et reste aussi gaie et amusante qu'au premier jour, sans parler de la musique fine et élégante dont plusieurs morceaux se haussent si bien au niveau de l'Opéra-Comique.

L'interprétation est de tous points satisfaisante. Mlle Pierny, sans faire oublier Mme Judic, est excellente et charmante dans le rôle de Nitouche. M. Baron, en transfuge des Variétés, a repris son rôle d'antan qu'il continue à jouer avec ce talent si personnel dont il a le secret. Nous n'irons pourtant pas dans la louange aussi loin que notre confrère de *L'Intransigeant*, Dom Blasius, qui nous paraît avoir le *don* de l'hyperbole en écrivant que Baron chante tous ses morceaux avec une voix que l'Europe nous envie !

Au total, c'est avec plaisir que nous adressons nos plus sincères compliments à tous les artistes, ainsi qu'au directeur, M. Silvestre, sans hésiter à lui prédire que *Sainte Nitouche* se jouera bien encore à la « saint Sylvestre » !

6 octobre 1897.

Samedi, nous étions conviés, à la **Renaissance,** à la première représentation de *Service secret*, pièce en quatre actes, d'après l'original américain, de M. William Gillette, par M. Pierre Decourcelle, qui repose tout entière sur un épisode de la guerre de Sécession en Amérique, et à ce titre, sans doute, a obtenu un immense succès à New-York.

Cette œuvre, en son exotisme un peu outrancier, nous est apparue à Paris comme un échantillon bizarre de la littérature dramatique aux États-Unis. Avec des prétentions à une précision en quelque sorte mathématique et à une exactitude toute spéciale, elle n'en reflète pas moins au fond un cachet plutôt assez artificiel et factice, qui ne la distingue guère d'un simple mélodrame de l'Ambigu.

Il convient toutefois de constater la valeur certaine de

quelques scènes d'une émotion vraiment communicative, et il est juste de louer tous les interprètes, en commençant par MM. Guitry, Brémont, Courtès, et Mᵐᵉ Berthe Cerny, etc. Deux jeunes artistes, M. Brulé et Mˡˡᵉ Clary, dont c'étaient hier les débuts, méritent également une mention toute particulière.

Et maintenant, un mot personnel. En vertu de quel ostracisme, *Le Nouvelliste de Bordeaux*, si bien accueilli, depuis plusieurs années, dans tous les théâtres parisiens, se voit-il si peu favorablement traité par l'administration de la Renaissance qui nous néglige régulièrement dans sa répartition des services de première ou de seconde ?

Enfin, nous avons pu, il est vrai, en parler cette fois encore — grâce à un service secret.

7 octobre 1897.

Lundi, au **Vaudeville**, première représentation de *Jalouse*, comédie en trois actes, de M. Bisson, qui a obtenu un franc et légitime succès.

Cette pièce gaie, honnête, spirituelle, nous montre ingénieusement toutes les conséquences que peut produire la jalousie immodérée d'une femme.

Si l'observation n'en est pas toujours très profonde, il est difficile d'imaginer un ensemble plus complet de scènes heureuses et bien faites, d'un développement naturel et facile, remplies de détails amusants et relevées par un dialogue du meilleur goût et de la plus gracieuse finesse.

L'interprétation est parfaite avec MM. Noblet, Boisselot, Torin, et MM^{mes} Daynes-Grassot, etc. Nous aurions dû citer d'abord Mlle Yahne, délicieuse de malice et de grâce, et si jolie, ma foi, qu'il semble qu'elle ne devrait jamais, en se comparant, se préoccuper d'être jalouse !

9 octobre 1897.

Mardi, la **Porte Saint-Martin** donnait la première représentation de *La Mort de Hoche*, le nouveau grand drame historique et épisodique de M. Paul Déroulède.

Sans être exactement conçu suivant la formule ordinaire, cette œuvre, pleine de sentiments élevés et animée d'un grand souffle patriotique, présente une série de tableaux curieux et émouvants. On peut dire qu'elle contient toute une biographie du général Hoche avant d'en arriver à sa mort, qui est le point culminant du drame.

Malgré son dialogue nerveux, rapide, incisif, cette pièce n'en est pas moins d'un style toujours littéraire et châtié.

L'interprétation est excellente avec M. Desjardins, tout à fait remarquable dans le personnage de Hoche, M. Jean Coquelin, dont le talent s'affirme chaque année davantage, MM. Volny, Gravier, etc. Les rôles de femmes ont moins d'importance, à l'exception de celui de Mme Esquilar, qui y déploie beaucoup de tendresse et de passion. La mise en scène est très soignée.

Entendu à la sortie :

« Finalement, cette *Mort de Hoche*?

— Je vous dis que rien n'y cloche !

— Et d'ailleurs, toutes les pièces de *Déroulède* ne doivent-elles pas marcher comme sur *des roulettes* ? »

12 octobre 1897.

Vendredi, nous assistions, au **Gymnase**, à la première représentation des *Trois filles de M. Dupont*, comédie en quatre actes, de M. Brieux. Cette pièce, qui débute gaiement, tourne assez vite au drame et laisse, il faut le dire, une impression d'amertume peu consolante.

Nous convenons toutefois que ce n'en est pas moins une œuvre de réelle valeur et d'un intérêt intense dans son ironie d'une âpreté parfois trop cruelle.

Cette comédie hardie et vigoureuse a, d'ailleurs, trouvé au Gymnase l'excellente interprétation qu'elle méritait avec MM. Leraud, Numès, Mayer, MM^{mes} Duluc, une délicieuse débutante, Samary, Cécile Caron, etc.

C'est égal, à la place de M. Brieux qui pouvait si bien se départir un peu d'un certain pessimisme exagéré, nous eussions volontiers donné une quatrième fille à M. Dupont, en lui attribuant un rôle qui nous eût au moins rappelé la tradition du Gymnase — d'autrefois !

∿∿∿ A signaler également la réouverture du joli petit théâtre de la **Galerie Vivienne**, où, malgré son cadre si restreint, M. Bouvret n'a pas craint d'inaugurer sa nouvelle saison avec *Norma*, le plus populaire peut-être des opéras italiens, qui a réussi à produire son effet accoutumé.

Compliments au directeur, toujours plein d'initiative, et à sa jeune troupe d'artistes vraiment dignes d'éloges.

15 octobre 1897.

Lundi, a eu lieu la réouverture du théâtre des **Bouffes-Parisiens,** sous la nouvelle direction de M. Coudert, dont le nom est sympathiquement connu des Bordelais en villégiature sur la plage de Royan.

Pour inaugurer sa prise de possession, M. Coudert a monté brillamment une opérette en quatre actes, *Les Petites Femmes,* de M. André Sylvane, musique de M. Edmond Audran. Avec un pareil vocable, on devine aisément que cette pièce n'est pas de celles qu'on recommandera de préférence comme pouvant figurer dans le programme des distributions de prix pour pensionnats de demoiselles !

Mais le public qui fréquente la jolie petite salle du passage Choiseul ne s'effarouche guère de certains détails scabreux ou de quelques allusions croustillantes.

Sans prétention d'ailleurs, mais pleine de gaieté et d'entrain, cette opérette, qui abonde en situations franchement comiques, dépasse plutôt la moyenne du genre.

Ajoutons que la musique de M. Audran s'y montre une fois de plus élégante et légère.

L'interprétation est très agréable avec la jolie

Mlle Bonheur, MM^mes Laporte, d'un jeu toujours si amusant et si spirituel, Burty, à l'allure délurée, et quantité de petites femmes qui ne demandent qu'à devenir de grandes artistes ; et du côté des hommes, Dambrine, un excellent ténor, Regnard, Poudrier, etc. Compliments encore au très bon chef d'orchestre, M. Thibaut.

Il paraît que la pièce de M. Sylvane était primitivement destinée au théâtre du Palais-Royal. Nous ignorons quel coup de vent imprévu l'a ainsi transportée d'une galerie à l'autre. Nous parlons d'un coup de vent; n'est-ce pas plutôt un *Coudert* ?

17 octobre 1897.

Vendredi, à l'**Odéon**, première représentation de *Richelieu*, drame en cinq actes et neuf tableaux, d'après Bolwer-Lytton, adapté par M. Charles Samson.

Ce drame « historique » repose d'ailleurs sur une intrigue purement imaginaire. L'action, assez compliquée et touffue, évolue autour d'une prétendue conspiration tramée contre le cardinal, et est entremêlée d'une histoire d'amour qui se développe d'une façon assez ingénieuse.

Cette pièce était d'abord destinée à figurer au programme de ces intéressantes matinées qui font honneur à la direction intelligente de M. Ginisty. Elle eût été ainsi précédée d'une conférence qui aurait, sans doute, mieux permis au public d'apprécier tous les mérites d'une œuvre qui, malgré sa forme un peu bizarre et son style parfois obscur et prétentieux, n'est pas exempte d'une certaine valeur littéraire et contient même quelques scènes d'une beauté presque supérieure.

On peut louer, parmi les interprètes, MM^{lles} Jeanne Rabuteau, de Fehl et Laparcerie, et MM. Candé, transfuge du Vaudeville, chargé du rôle écrasant de Richelieu, Rameau, Amaury, Siblot et Perny, qui a laissé de si bons souvenirs à Bordeaux.

Décors et costumes sont des mieux réussis.

~~~~ A signaler, au **Nouveau-Cirque**, où M. Houcke continue à varier très agréablement son programme, deux numéros fort curieux, les Battas, qui exécutent sur un vélocipède aérien un travail vraiment fantastique, et Arras, dont les exercices d'équilibre sont bien la chose la plus extraordinaire que l'on puisse imaginer.

21 octobre 1897.

Lundi dernier, l'**Opéra-Comique** nous conviait à la première représentation du *Spahi*, drame lyrique en quatre actes, tiré du roman de M. Pierre Loti, par MM. Gallet et Alexandre, musique de M. Lucien Lambert.

Ainsi qu'on pouvait s'y attendre, le roman en question a dû subir bien des modifications pour pouvoir être porté à la scène ; et, si cette création apparaît singulièrement dénaturée, il est juste de reconnaître que la transformation musicale de l'œuvre littéraire de M. Loti comportait de grandes difficultés d'exécution.

Écrit en vers libres, ce livret est d'ailleurs relevé par une musique à la fois agréable et savante, d'une poésie

lyrique alternativement harmonieuse et grandiose. A
noter que les parties orchestrales ont été mises particulièrement en valeur par M. Luigini qui n'ignore rien de
son métier.

M. Carvalho a, d'ailleurs, monté cette pièce avec
beaucoup d'art et de goût, et la mise en scène, les costumes, surtout les décors peints par M. Jambon, sont
tout à fait remarquables. Les chœurs ont donné avec
beaucoup d'ensemble, et l'on a surtout applaudi un
divertissement très pittoresque chanté sur un rythme
ingénieux.

Il convient de louer, dans l'interprétation, MM. Gresse
et Carbonne, ainsi que M. Jean Badiali, qui a repris
le rôle destiné à M. Mondaud, et qui a malheureusement
peut-être la voix un peu forte pour un rôle d'amoureux.

Quant à Mlle Julia Guiraudon, on peut dire qu'elle a
été la véritable héroïne de la pièce. Sa grâce personnelle,
la chaleur de son jeu, son timbre à la fois si franc et si
flexible lui ont conquis aisément tous les suffrages. Et
nos lecteurs de Bordeaux ne seront pas surpris d'apprendre qu'il n'y a eu qu'une voix dans la salle pour
célébrer la sienne.

28 octobre 1897.

Nous avons assisté samedi, au théâtre **Cluny**, à la première représentation de *Monsieur le Major*, vaudeville militaire en trois actes, de MM. Michel Carré et Bernède.

L'excellente troupe de M. Marx a soutenu le combat
avec son entrain accoutumé.

Parmi les interprètes qui nous ont paru mériter une mention spéciale, nous pouvons citer MM. Dorgat, Mufflat, Hamilton, Rouvière, et MM^{mes} Cuinet et Demongey.

La pièce est, d'ailleurs, amusante en dépit de sa bouffonnerie excessive ; toute semée, d'un bout à l'autre, de quiproquos extravagants, et de coq à l'âne, à jet continu.

Avez-vous remarqué combien, depuis quelque temps, l'armée tend à devenir, pour le plus grand bien de nos auteurs dramatiques, une sorte de mine inépuisable ?

Pour ne parler que des dernières pièces les plus connues, tout le monde n'a-t-il pas sur les lèvres les noms devenus populaires du *Régiment*, des *28 Jours de Clairette*, et de *Champignol malgré lui* ?

Certes, la nouvelle pièce du théâtre Cluny est appelée à faire bonne figure dans cette joyeuse collection.

Vainement quelques spectateurs à l'humeur chagrine pourraient-ils être tentés de lui reprocher son incohérence parfois un peu stupéfiante.

Nous gagerions bien que, dans le public, *Monsieur le Major* aura toujours pour lui — la majorité !

4 novembre 1897.

Dimanche, aux **Variétés**, première représentation de *Paris qui marche*, revue en trois actes et dix tableaux, de MM. Monréal et Blondeau, deux de nos plus célèbres revuistes qu'on peut considérer comme passés maîtres en ce genre de littérature.

Cette amusante revue, qui est accompagnée d'une gracieuse musique de M. Fock, et conduite avec un entrain merveilleux par la charmante Mlle Méaly, abonde en mots comiques et en couplets spirituels.

De plus, grâce à la baguette magique de M. Samuel, elle s'est en quelque sorte transformée en féerie, contenant nombre de tableaux délicieux, entr'autres celui de l'Exposition de 1900, un bien joli décor de MM. Rubé et Moisson.

Mais ce qui fera surtout courir tout Paris au théâtre des Variétés, c'est le prodigieux défilé des modes du siècle, d'un goût exquis et d'un luxe splendide.

L'interprétation est incomparable avec MM. Brasseur, Lassouche, Guy, Petit, Tauffenberg, et MM^mes Méaly déjà nommée, Germaine, Gallois, Lavallière, Diéterle, Berthe Legrand, Émilienne d'Alençon, etc.

Que ceux ou celles que je me vois dans l'obligation de renoncer à nommer veuillent bien agréer mes excuses, car tous et toutes, à des titres divers, auraient droit à des éloges.

Et pour conclure, gageons que *Paris qui marche* marchera vaillamment vers la centième !

10 novembre 1897.

Nous avons pu constater vendredi, au théâtre de la **Gaîté**, le succès de la première représentation de *Mam'zelle Quat'sous*, opéra-comique en quatre actes, de MM. Mars et Desvallières, musique de M. Robert Planquette.

Cette pièce appartient à la catégorie des opéras-comiques à grand spectacle, dont M. Debruyère s'est fait, comme on sait, une si brillante spécialité. Et cette œuvre nouvelle, en sa somptueuse magnificence, n'est pas faite pour venir en déparer la collection.

Le livret, d'une affabulation très simple, est tout à fait amusant en ses drôleries un peu naïves, et la partition, d'une élégance plutôt sans prétentions, contient pourtant quelques airs d'une facture des plus distinguées.

Enfin, la mise en scène, qui comporte deux ravissants ballets réglés par Mme Mariquita, est assurément des plus intéressantes et pittoresques dans sa très fidèle reconstitution des lieux, usages et costumes parisiens en l'année 1804.

Quant à l'interprétation, elle est de premier ordre avec MM^{lles} Cocyte et Mariette Sully, plus charmantes que jamais; M. Paul Fugère, d'un entrain inimitable; MM. Noël, Soums, Bert, etc.

Mam'zelle Quat'sous (un drôle de surnom, n'est-ce pas, imaginé par les dames de la halle pour la jolie Marion) fera sûrement son chemin et bien des centaines de mille francs de recettes!

17 novembre 1897.

Vendredi, a eu lieu, à l'**Olympia**, le début d'une charmante Américaine, la Roland, en des danses lumineuses, comportant une mise en scène toute spéciale et une partie de chant avec chœurs, de MM. Jean Lorrain et Mina. Le succès a été très grand dans le joyeux music-hall de M. de Lagoanère.

~~~~ Nous avons aussi à signaler la création d'un nouveau cabaret artistique, la **Muse de Montmartre**, rue Victor-Massé, à côté de l'ancien Chat Noir.

La verve montmartroise s'y retrouve accompagnée d'une remarquable série d'ombres chinoises.

Très réussie surtout une petite revue fantaisiste et humoristique de M. Pierre Ducys, mise en musique par MM. René Marchal et France Chassaigne.

~~~~ Décidément tout arrive! Dans quelques jours, *Les Deux Gosses*, tant de fois centenaires sur la scène de l'**Ambigu-Comique**, interrompront leur fantastique carrière.

On annonce comme très prochaine la première représentation de *La Maîtresse d'école*, un grand drame où Mlle Rose Sima, dont on connaît le talent si fin et si distingué, jouera le principal rôle.

19 novembre 1897.

Mardi, au théâtre des **Bouffes-Parisiens**, première représentation des *P'tites Michu*, opérette en trois actes, de MM. Vanloo et Georges Duval, musique de M. André Messager.

Tour à tour amusant, intéressant et même attendrissant, le livret de cet opéra-comique est, sans contredit, de la bonne facture.

De plus, la partition, charmante d'un bout à l'autre, est écrite avec beaucoup d'art ; les détails d'une harmonie exquise y alternent agréablement avec les inspirations mélodiques les plus heureuses.

M. Coudert a monté avec soin cette œuvre nouvelle, qui est délicieusement interprétée par MM^{mes} Alice Bonheur et Odette Dulac, chargées d'incarner les deux personnages des *P'tites Michu*.

Les autres rôles sont aussi tenus de la meilleure façon par MM. Regnard, Lamy, Manson, Barral, etc.

La mise en scène est élégante et de bon goût; on y a particulièrement admiré les jolis costumes du premier Empire, d'une scrupuleuse exactitude.

A l'actif de cette pièce agréable, nous pouvons encore ajouter qu'elle est d'une moralité irréprochable.

Les mères de famille désireuses de mener leurs *petites* au théâtre ne sauraient trouver une meilleure occasion que de les conduire voir les *P'tites Michu*.

27 novembre 1897.

Mercredi, à **Parisiana-Concert**, nous étions conviés à la première des *Pétards de l'année*, revue en deux actes et quatre tableaux, de MM. Paul Andry et Max Maurey.

MM. Isola, les habiles directeurs de cet agréable *music-hall*, ont monté leur revue de la saison avec un goût parfait et un luxe inusité.

Le compère n'est autre que le célèbre Paulus toujours plein de verve et de vaillance, et le rôle de la commère est tenu par la charmante Mlle Jane Debary, si fine, et détaillant si bien le couplet.

A citer encore Villé, Dora, Max-Hinc, et MM^mes Barklay, Sandre, Dussert, Jane Derval et Pâquerette dont le talent d'avocat a fait sensation, etc.

Beaucoup de scènes amusantes et de traits malicieux ou spirituels, sans parler de la magnificence des décors et des costumes.

Avec de tels éléments, *Les Pétards de l'année* nous semblent destinés à devenir un long feu d'artifice!

30 novembre 1897.

Samedi l'on donnait, à l'**Opéra-Comique**, la première représentation de *Sapho*, drame lyrique, tiré du célèbre roman de M. Alphonse Daudet par MM. Henri Caïn et Bernède, pour lequel M. Massenet a écrit une remarquable partition toute vibrante d'émotion tendre et passionnée que le public a accueilli avec les marques d'un véritable enthousiasme.

Les ovations s'adressaient également aux principaux interprètes, à Mlle Emma Calvé, qui a joué le rôle de Sapho avec un véritable talent, à Mlle Julia Guiraudon, qui a conquis, on peut le dire, l'unanimité des suffrages, à Mlle Winns, toujours en progrès, qui chante avec une science consommée, M. Laprestre, chaleureux à souhait dans le rôle difficile de Jean Gaussin, sans parler des personnages de seconde place, MM. Marc Nokil, Gresse, etc.

L'orchestre s'est montré une fois de plus de premier

ordre sous la direction habile de M. Danbé. Tous les décors sont d'une grande perfection artistique, eutr'autres celui qui représente les bords du Rhône à Villeneuve-lés-Avignon, une évocation tout à fait lumineuse du paysage ensoleillé de la Provence.

〜〜〜 Hier, avait lieu également, à l'**Ambigu-Comique** la première représentation de *La Joueuse d'orgue*, drame en cinq actes et onze tableaux, de MM. de Montépin et Dornay, dont le sujet a déjà été largement popularisé par le roman-feuilleton du *Petit Journal*.

Cette pièce est on ne peut mieux interprétée par MM^{mes} Tessandier et Georgette Loyer, ainsi que par MM. Duquesne, Ponctal, Courtès, Achard, etc.

En vieux mélo qui se respecte, elle est bourrée de tant d'incidents divers que l'intérêt de l'action s'y éparpille d'un peu trop de côtés à la fois. Telle qu'elle, elle n'en offre pas moins quantité de scènes variées qui ne sont pas sans une réelle valeur dramatique et que rehausse d'un bout à l'autre une brillante mise en scène.

Nous croyons que *La Joueuse d'orgue*, plus heureuse que *La Maîtresse d'école* dont l'enseignement a été d'une durée si brève, jouera longtemps le même air sur la scène de l'Ambigu !

Mâcon, Protat frères, imprimeurs.

1744

MACON, PROTAT FRÈRES, IMPRIMEURS

www.ingramcontent.com/pod-product-compliance
Lightning Source LLC
Chambersburg PA
CBHW060637100426
42744CB00008B/1660